Lust auf FREIBURG

Text	**Renate Heyberger**
	Hans-Albert Stechl
Fotografie	**Karl-Heinz Raach**
Gestaltung	**hoyerdesign**

FOTO-EDITION RAACH

Jeder zweite Deutsche, so sagt ein Gerücht, möchte gerne in Freiburg leben. Auch wenn diese Behauptung noch nie ernsthaft überprüft wurde, scheint doch etwas dran zu sein. Wer einmal in Freiburg war, kommt immer wieder. Woran das liegen mag? Vielleicht am Kopfsteinpflaster oder am Münster, vielleicht an der gemütlichen Beschaulichkeit, die den gestresstesten Manager in kürzester Zeit zum Bonvivant werden lässt, vielleicht an den Biergärten, in denen sich ganze Sommertage verbummeln lassen? Vielleicht am milden Klima oder am guten Wein, der bis ins Stadtzentrum hinein gedeiht? Wer weiß.

urg live

Finden Sie es selbst heraus und entdecken Sie, dass Freiburg noch mehr zu bieten hat, als das sprichwörtliche Laissez-faire.

Eine lebendige Kulturszene zum Beispiel mit renommierten Orchestern und vielbeachteten Theater-Inszenierungen, mit internationalen Festivals und Kongressen.

Die Restaurants in Freiburg genießen den besten Ruf und die Kneipen haben für jeden Geschmack das Richtige.

Machen Sie sich auf den Weg und gehen Sie mit uns auf eine Erlebnisreise ins Herz der Stadt. Und entdecken Sie selbst, warum Sie immer wieder hierher zurückkommen möchten.

Noch Fragen ?
Für Auskünfte und Infos rund um Ihren Aufenthalt steht Ihnen die Touristen-Information zur Verfügung:
Tourist Information Freiburg
Rathausplatz 2-4
79098 Freiburg
Tel. 07 61 / 38 81-880
www.fwtm.freiburg.de

Inhalt

Seite

Die Bächle-Tour – historischer Stadtrundgang 8

Das Freiburger Münster 16
und der Münstermarkt. 22

Kaufrausch – Shopping-Touren
… durch die Obere Altstadt 24
… durch die Untere Altstadt. 30

**Von Torten und Törtchen –
die Cafétanten-Tour** 34

Plätze und Parks zum Verschnaufen 39

Der schnelle Hunger – Häppchen zwischendurch 46

Baden und die Welt – Tipps für Gourmets 50

Gutedel & Co – Ein guter Tropfen gehört dazu 56

**Abends ausgehen –
Theater, Kleinkunst, Konzerte, Kinos, Discos und Bars** 60
Kurztrip ins Weltall – Das Planetarium 61
Info: Was läuft in Freiburg 64
Musikstadt Freiburg 66

Ein Platz an der Theke
Freiburg für Kneipenbummler 68

Biergärten – das Sommervergnügen 73

Am Rathausplatz

Grace

Titelfoto: Obere Altstadt mit Schwabentor

Zelt-Musik-Festival

                                                                Seite
Mit Pauken und Trompeten – Hocks, Feste, Festivals. 77

1 : 0 – Sportstadt Freiburg. 80

Gestern und Heute – Stadtgeschichte 82
　　Die Festung am Schlossberg. 88
　　Messe Freiburg. 89
　　Solar City Freiburg. 90

Alma Mater & Co – Studentenstadt Freiburg . . 92

Schaustücke – Museen in Freiburg. 96
　　Johann Christian Wentzinger 96

Special: Freiburg für Kids. 100

Kunst und Künstler – Freiburgs Galerien 102

Kunst en passant – die Skulpturen-Tour 104

Special: Go West – der Stadtteil Stühlinger 108

Special: Lesefutter – Bücher für Liebhaber. 110

Freiburg mobil – in der Stadt unterwegs
　　mit öffenlichen Verkehrsmitteln oder per Velo 111

Hin und weg – Ausflüge in die Umgebung 113

Hotels und Unterkünfte. 116

Die Autoren, Impressum 120

Kunst im E-Werk

Die Bächle-Tour –
historischer
Stadtrundgang

Bächle auf dem Augustinerplatz

Was für Venedig die Kanäle, sind für Freiburg die Bächle, meinen die Spötter und bringen die Sache auf den Punkt: ein kleines, aber feines Wahrzeichen sind sie, die Wasserläufe, die kreuz und quer durch Freiburgs Innenstadt fließen. Unter dem Schlossberg wird das Wasser in einem unterirdischen Kanal aus der Dreisam in die Innenstadt geleitet. Hier, in der „oberen Altstadt", beginnt auch unsere Bächle-Tour.

Dem Schlossberg ist heute nicht mehr anzusehen, dass er über Jahrhunderte hinweg eine einzige, immer wieder heiß umkämpfte Festung war. Die Verteidigungsanlage, erbaut unter französischer Besatzung durch Vauban, dem Festungsbaumeister Ludwigs XIV., ist nur noch als Modell im Museum für Stadtgeschichte zu bewundern. Im Original ist das **Schwabentor** /1 zu besichtigen, das östliche von einstmals fünf Stadttoren, die seinerzeit den Zugang zur Stadt überwachten.

Seinen Namen trägt das Tor wegen seiner Lage an einem wichtigen Handelsweg nach Oberschwaben.

Schwabentor

Hier, im Bereich **Oberlinden** /2, war damals alles angesiedelt, was von Verkehr und Handel abhing: Huf- und Nagelschmieden, Lohnstallungen und Gasthäuser. Erhalten blieb der **Gasthof „Zum roten Bären"**/2 gegenüber der 250 Jahre alten Linde, die dem Platz seinen Namen gab. Errichtet wurde der angeblich älteste Gasthof Deutschlands im Jahre 1133.

Portal des Erzbischöflichen Ordinariats

Folgen wir dem Bächle-Lauf Richtung Norden in die Herrenstraße, zieht nach wenigen Metern ein wuchtiges Bauwerk den Blick auf sich. Es beherbergt das von 1903 bis 1906 erbaute **Erzbischöfliche Ordinariat** /3. Im Haus Herren-/Ecke Engelstraße befand sich übrigens das erste Freiburger Studentenwohnheim, das 1501 gegründete Collegium Sapientiae. Lediglich das Portal stammt noch aus der ursprünglichen Anlage. Wenige Schritte weiter Richtung Münsterplatz steht eines der wenigen Fachwerkgebäude dieser Gegend, die **Alte Münsterbauhütte** /4. Hier können sich die

Historisches Kaufhaus

Interessierten über die Restaurierungsarbeiten am Münster informieren – nicht zuletzt wegen der schädigenden Umwelteinflüsse kennt kaum ein Freiburger sein Münster ohne Gerüst.

Direkt neben dem einstigen Standquartier der Baumeister und Steinmetze gerät der monumentale Chor des Freiburger Wahrzeichens ins Blickfeld. Das **Münster**/5, zwischen 1200 und 1510 erbaut, ist das bekannteste Bauwerk Freiburgs. Sein Turm wurde von dem Schweizer Schriftsteller Jacob von Burckhardt als der Schönste der Christenheit gerühmt und die Beziehung der Freiburger zu ihrem Münster ist eine sehr innige. Glücklicherweise – oder aufgrund exakter Berechnungen, so ganz wird das wohl nie zu erfahren sein – blieb die Kirche fast als einziges Gebäude in der Altstadt beim Bombardement 1944 nahezu unversehrt.

Nicht ganz so spektakulär, aber gleichwohl sehenswert, ist das **Historische Kaufhaus**/6 auf der Südseite des Münsterplatzes. Zwischen 1520 und 1530 ließ die Stadt dieses Handelsgebäude als Sitz der Markt-, Zoll- und Finanzverwaltung erbauen. Die Wappen und Figuren an der Fassade erinnern an die Habsburger, die von 1368 an mit einigen Unterbrechungen mehr als 400 Jahre lang Freiburgs Schicksal lenkten. Im Hof des Kaufhauses boten ausländische Händler ihre Waren feil. Etwas weiter westlich schließt sich das barocke **Erzbischöfliche Palais**/7 an. Östlich des Historischen Kaufhauses liegt das **Wentzinger-haus** /8, ein Rokokoge-bäude, das sich der gleichnamige Maler, Bildhauer und Baumeister 1761 als Wohnhaus errichten ließ. Heute ist in dem Gebäude das Museum für Stadtgeschichte untergebracht. In der gelb getünchten **Alte Wache** /9 an der Stirn-

Münster

seite des Münsterplatzes befindet sich das „Haus des Badischen Weins".

Auf der nördlichen Seite des Münsterplatzes steht das ehemalige **Kornhaus** /10 aus dem 15. Jahrhundert. Zeitweise wurde der städtische Kornspeicher auch als Schlachthaus genutzt. 1770 etablierte sich in dem Gemäuer das erste ständige Theater Freiburgs.

Auch wenn der Münsterplatz zum Bleiben einlädt – die Bächle gurgeln weiter und wir folgen ihnen. Durch die Marktgasse gelangen wir auf die Kaiser-Joseph-Straße, sozusagen der Lebensnerv der Freiburger Innenstadt. Ein Stück weiter rechts liegt der einstmals größte Adelshof Freiburgs, der sogenannte **Basler Hof** /11, der zwischen 1494 und 1505 erbaut wurde und dem Basler Domkapitel während der

Alte Wache

Neues und Altes Rathaus

Reformation als Asyl diente. Auf der anderen Seite der Kaiser-Joseph-Straße, einige Schritte in die Franziskanergasse hinein, logierte im **Haus zum Walfisch** /12 zwei Jahre lang ein anderer Asylbewerber, der berühmte Humanist Erasmus von Rotterdam, der ebenfalls vor den Schweizer Reformatoren nach Freiburg geflohen war.

Durch die Franziskanergasse erreichen wir den **Rathausplatz** /13. An der Nord- und Ostseite wird der Platz durch das ehemalige Franziskanerkloster begrenzt, das im Zweiten Weltkrieg zunächst fast völlig zerstört, im Innern jedoch nach altem Vorbild wieder aufgebaut wurde. Vor dem Kloster, in der Mitte des Rathausplatzes, steht ein Denkmal des Franziskaner-Mönchs Berthold Schwarz, dem angeblichen

In Freiburg lohnt es sich, bei der Stadtbesichtigung auch mal den Kopf zu senken. Überall in der Stadt wurden Mosaike ins Pflaster eingelassen, die meist Bezug auf das Haus nehmen, vor dem sie angebracht sind. Eine Brezel vor einer Bäckerei, ein Buch vor der Buchhandlung, ein Wirtshausschild, das Uni-Siegel oder ein Bischofsstab. Auf dem Rathausplatz sind die Wappen sämtlicher Partnerstädte zu bestaunen und auf dem Holzmarktplatz zeigt eine Windrose, woher der Wind weht. Das schönste Pflasterstück aber befindet sich in der Schusterstraße vor dem Schaufenster des Juweliers Kaltschmidt. Wie es sich für die Zunft gehört, hat der Inhaber vor seiner Goldschmiede edle Steine ins Pflaster einlegen lassen.

Erfinder des Schwarzpulvers. Das rotgetünchte **Alte Rathaus** /14 an der Westseite des Platzes wurde in der Zeit zwischen 1557 und 1559 aus mehreren älteren Häusern zusammengefügt. Typisch für die Renaissance ist die sogenannte Traufseite, bei der Giebel und Seitenfassade auf einer Linie liegen. Links neben dem „Alten Rathaus" befindet sich das „Neue Rathaus", das aus zwei, erst zu Beginn des 19. Jahrhunderts miteinander verbundenen Einzelhäusern besteht. Ursprünglich war

Martinstor

in dem Gebäude die Universität untergebracht. Das älteste Freiburger Rathaus liegt allerdings ein paar Meter weiter in der stillen Turmstraße. Das Gebäude wurde um 1300 für das Stadtparlament errichtet. Später brachte man dort das Schultheißengericht unter. Seither heißt der Bau **Gerichtslaube** /15.

Zurück am Rathausplatz führen uns die Bächle Richtung **Bertoldsbrunnen** /16 auf die Kaiser-Joseph-Straße. Das bronzene Reiterstandbild Bertolds des Fünften über dem Knotenpunkt der Straßenbahnlinien markiert den Kern des modernen Freiburg. Ein Einkaufsparadies war die Kaiser-Joseph-Straße schon immer. Die Gegend um das **Martinstor** /17 war früher das Zentrum für den Wein- und Fischverkauf. Das Tor selbst entstand 1210, wurde aber im Lauf der Jahrhunderte mehrfach um- und ausgebaut. Doch bevor der Weg durch das Martinstor hindurch führt, ist ein Gang durch die Niemensstraße in das **Uni-Viertel** /18 lohnend. Immerhin ist die Freiburger Alma Mater über 550 Jahre alt und jeder sechste Einwohner der Stadt ist Studierender. Im Stadtzentrum haben die Geistes-

Fischerau

wissenschaften ihren Sitz, behütet von Homer und Aristoteles und dem goldletternen Spruch am **Kollegiengebäude I**/19, dass die Wahrheit frei machen wird. Die Naturwissenschaften befinden sich außerhalb der Altstadt im sogenannten Institutsviertel und die moderne Fakultät für Angewandte Wissenschaften liegt am Freiburger Flugplatz.

Zurück auf der „Kajo" führt der Weg durch das Martinstor hinaus in Richtung **Gerberau**/20. Unter dem Stadttor verschwinden die Bächle, um ein paar Meter weiter in den Gewerbekanal zu münden. Der Gewer-

Bächleputzer am
Augustinerplatz

bekanal war für zahlreiche Handwerker Grund, sich hier in der Gegend anzusiedeln. Zusammen mit der **Fischerau**/21 und der Insel, heute das Postkarten-idyll Freiburgs, bildete die Gerberau die einstige Schneckenvorstadt, die als Handwerkerviertel bereits 1303 urkundlich erwähnt wurde.

An ihrem östlichen Ende mündet die Gerberau in den **Augustinerplatz**/22, im neueren deutschen Volks-mund auch „der August" genannt. Hier sind noch Reste der alten Stadtmauer zu sehen, die zwischen dem Martins- und dem Schwabentor verlief. An sei-nem oberen Ende, zur Salzstraße hin, erstrahlt das **Augustinermuseum**/23 in neuem Glanz. Es wurde unlängst saniert und beherbergt in den ehemaligen Klosterräumen eine bedeutende Sammlung von Oberrheinischer Kunst vom Mittelalter bis zum Barock. Im Dachgeschoss sind Gemälde des 19. Jahrhunderts zu sehen, beispielsweise von Hans Thoma und Anselm Feuerbach.

Den Bächle entlang Richtung Osten, kommen wir ans Schwabentor zurück, dem Ausgangspunkt der Bächle-Tour. Von hier aus empfehlen sich als Abste-cher ein Gang durch die Konviktstraße oder auf den Schlossberg, um den Blick über Freiburgs Altstadt zu genießen.

Rund 15 Kilometer umfasst das gesamte Freiburger Bächlenetz, das übrigens erstmals im Jahre 1246 er-wähnt wurde. Im Mittelal-ter dienten die Wasserläufe dazu, etwas frischen Wind in die muffigen Gassen zu bringen. Dass sie aber teil-weise auch die Müllabfuhr ersetzten, ist sicher nur üble Nachrede. Wie dem auch sei, auf jeden Fall gibt es auch unter den Einhei-mischen wohl kaum jeman-den, der sich nicht schon einmal unabsichtlich die Füße nass gemacht hat. Vor allem nächtliche Zech-touren sind dafür berühmt-berüchtigt. Die Besucher seien allerdings gewarnt: Wer in ein Bächle tritt, so heißt es, muss einen Frei-burger, respektive eine Freiburgerin, heiraten...

Das Freiburger Münster

Freiburg, im Jahr 1200. Genau 80 Jahre war es her, dass Herzog Konrad von Zähringen den Markt Freiburg gegründet hatte. Die junge Stadt wuchs schnell und die rund 6000 Freiburger wünschten sich zum Ruhme der Kirche und für den eigenen Stolz ein neues Gotteshaus. Ein repräsentatives Gebäude sollte es sein und die Bürger waren auch bereit, dafür tief in die Tasche zu greifen.

Bei der Planung des Münsters orientierten sich die Baumeister zunächst am spätromanischen Basler Vorbild. Sie schufen ein kompaktes Querhaus mit massiven Wänden und zwei stämmigen Hahnen-türmen, ein Ensemble, das an die frühchristlichen Wehrkirchen erinnert: häufig dienten die Kirchen des Mittelalters nicht nur in geistiger, sondern auch in irdischer Hinsicht als Fluchtburgen.

Turmhelm

Doch schon wenige Jahre nach Baubeginn trat die Gotik von Frankreich aus ihren architektonischen Siegeszug an. Von nun an diente den Freiburgern das Straßburger Münster als Vorbild. Es dauerte jedoch einige Zeit, bis der neue Stil den Breisgauern vertraut war. Die beiden frühgotischen Fenster, die sich in westlicher Richtung an das Querhaus anschließen, waren sozusagen die Fingerübungen. Virtuos wurde das Spiel mit dem Stil erst in der Hochgotik. Das Langhaus entstand zwischen 1230 und 1340, ebenso der berühmte Turm mit seinem durchbrochenen Helm. Auch die Hahnentürme bekamen neue Ober-geschosse im Stil der Zeit.

Mitte des 14. Jahrhunderts brach in Europa die Pest aus und auch Freiburg blieb von der Seuche nicht verschont. Zwar wurde 1354 mit dem Bau des Chors begonnen. Doch dann ruhten die Arbeiten gute hundert Jahre lang. 1513 wurde der Chor schließlich eingeweiht, im Stil der Spätgotik, mit asymmetrischem Maßwerk und mächtigen Fenstern. Endgültig fertiggestellt wurde das Münster mit dem Bau der Renaissance-Vorhalle am Südportal.

Eine Fülle von Skulpturen bevölkert die Außenmauern des Münsters: furchterregende Wasserspeier, teuflische Fratzen, Heilige, die den rechten Weg weisen, üppiges Rankenwerk, Baldachine und Bogenfriese. Die Reliefs über dem Nordportal bilden die Schöpfungsgeschichte ab, über dem Chorportal an der Südseite befindet sich eine Krönungsszene Marias. Das Lammportal daneben reicht noch in die frühgotische Zeit hinein, während das Hauptportal an der Westseite die ganze Pracht der Hochgotik entfaltet. In der Vorhalle wird in reicher Bildersprache die Heilsgeschichte und die des Jüngsten Gerichts erzählt. Auch denjenigen, die nicht lesen konnten, wurde vor Augen geführt, was dem armen Sünderlein unter Umständen drohte: In der Mitte der Erzengel Michael mit seiner Waage, in der einen Schale das Gute in Gestalt eines Kindes, in der anderen ein frohlockender Teufel. Pech für diejenigen, die bei der Abwägung

Wasserspeier

Tympanon in der Vorhalle

Blick durch das Langhaus zum Chor

Glasfenster an der Nordseite

auf der rechten Seite landeten: von hier aus führte der Weg direkt hinab in die Hölle.

Aber auch die irdische Gerechtigkeit hatte ihren Platz in der Vorhalle. Auf den steinernen Sitzen im Halbrund sprachen die Ratsherren und Marktrichter Recht. Sollte zum Beispiel ein Händler versucht haben, seinen Kunden zu kleine Brötchen zu verkaufen, konnte man deren Größe mit Hilfe der eingravierten Maße an den Außenmauern gleich an Ort und Stelle kontrollieren. Übrigens: auch an der südlichen Chorummauerung lassen sich bei genauem Hinsehen noch die Überreste von Gravuren entdecken. Hierbei handelt es sich ebenfalls um eher irdische Botschaften, nämlich um Namen und Jahreszahlen, mit denen sich die Wachsoldaten zu Zeiten der Französischen Revolution im Sandstein verewigt haben.

Vom Hauptportal aus kann der Besucher am besten ermessen, welch überwältigende Wirkung die Dimensionen des Kircheninneren auf das kleine mittelalterliche Menschlein ausgeübt haben mussten. Der Blick geht durch Langhaus und Querhaus bis in die Ostspitze des Choranbaus, gleitet an den himmelhohen Pfeilern nach oben zu den Kreuzrippen des Deckengewölbes. Durch bunte Glasscheiben dringt gedämpftes Licht hinunter auf die Gläubigen. Die Fenster sind zum größten Teil Schenkungen von Handwerkszünften oder reichen Familien. Daher fanden trotz der ehrfurchtgebietenden Umgebung so profane Dinge wie Brezeln, Fässer, Schuhe oder Familienwappen ihren Weg in die Kirche.

Ein Kleinod unter den zahlreichen Skulpturen, die das

Kircheninnere schmücken, ist die Marienfigur am Hauptportal aus der Zeit um 1290. Sie gab als Schutzpatronin des Freiburger Münsters der Kirche „Unserer Lieben Frau" den Namen.

Die Pfeiler des Mittelschiffs sind mit biblischen Figuren geschmückt. Das Portrait, das sich am Fuß der Kanzel in einer kleinen Nische befindet, zeigt dagegen den Baumeister, der sich mit ganz unchristlichem Stolz selbst verewigt hat. Jenseits des romanischen Querhauses führen einige Stufen hinauf zum Chor mit dem neugestalteten Altarraum und dem Hochaltar, der als das größte Werk des Meisters Hans Baldung Grien gilt. Der Dürer-Schüler schuf sein Freiburger Werk in den Jahren 1512 bis 1516. Der dreiflüglige Altar zeigt im geöffneten Zustand in der Mitte die Krönung der Gottesmutter sowie rechts und links die Apostel. Sind die Seitenflügel geschlossen – von Weihnachten bis Ostern – erscheinen Szenen aus der Weihnachtsgeschichte.

Die Kapellen des Hochchors wurden von begüterten Freiburger Familien gestiftet und für ihren Privatgebrauch genutzt. Der Chorumgang ist nur zu bestimmten Zeiten zugänglich. Eine Turmbesteigung dagegen ist den ganzen Tag über möglich. Die 329 Stufen bis zur obersten Plattform lohnen sich garantiert – unter sich das bunte Treiben auf dem Münstermarkt in Stecknadelgröße, vor sich den Blick bis zu den Vogesen, über sich nur noch den „Himmel aus Stein".

Das spätromanische Böcklinkreuz über dem Hauptaltar

Hochaltar von Hans Baldung Grien

Der Münstermarkt

Bauernmärkte haben seit ein paar Jahren Hochkonjunktur. Der Wunsch vieler, nicht im Supermarkt, sondern beim (möglichst Bio-) Bauern Obst und Gemüse zu kaufen, hat zu zahlreichen neuen Märkten in verschiedenen Freiburger Stadtvierteln geführt.

Münstermarkt
Mo – Fr von 7.00 – 13.00 Uhr
Sa bis 13.30 Uhr

Der Urahn aller Märkte in Freiburg ist der **Münstermarkt**. Rings ums Münster wurde schon im Mittelalter gehandelt. Auf der **Nordseite** des Münsters befinden sich die Bauernstände, die fast ausschließlich Selbsterzeugtes anbieten: Gemüse, Obst, Holzofenbrot, Schnaps, Bauernbratwürste, Speck, Eier, Honig, Marmeladen, hausgemachte Nudeln und vieles, vieles mehr – ein Fest für die Sinne! Hier stehen auch die Buden, in denen die berühmte Freiburger „Rote", eine Rostbratwurst, frisch gegrillt wird.

Auf der **Südseite** bieten die Händler ihre Waren an, darunter eine riesige Auswahl an Oliven sowie verschiedenen Essig- und Ölsorten. Dort befinden sich, vor allem am Samstag, auch mehrere Stände mit handgetöpferter Keramik, bäuerlichen Strohschuhen und Bürsten aller Art. Blumen- und Kräuterstände, gelegentlich auch ein Käse- und Fischstand, runden dieses überwältigende Angebot ab. Wem die Vielfalt auf dem Markt nicht ausreicht, findet bei Feinkost-Schwörer auf der Südseite an der Ecke Münsterplatz/Buttergasse alles, was das Herz an Obst, Gemüse und Kräutern begehrt. Und ein paar Schritte weiter lockt die „Alte Wache" mit einem breiten Sortiment an badischen Weinen - auch zum Verkosten.

Weitere Märkte werden in verschiedenen Stadtteilen abgehalten, die sich jedoch meist auf ein kleines, überschaubares Lebensmittelangebot beschränken. Interessant ist noch der **Wiehremarkt** auf dem Platz am Alten Wiehrebahnhof. Die ökologisch superkorrekten Bewohner des Stadtteils „Wiehre", die sich hier ein Stelldichein geben, laden zu Millieustudien geradezu ein. Zu marktfreien Zeiten wird hier gerne Boule gespielt.

Und der **Stühlingermarkt** profitiert von der reizvollen Kulisse, die die Herz-Jesu-Kirche abgibt.

Wiehremarkt
Urachstraße
am Alten Wiehrebahnhof
Mi 13.00 – 18.30 Uhr
Sa 8.00 – 13.00 Uhr

Stühlingermarkt
Stühlinger Kirchplatz
Mi 8.00 – 13.00 Uhr
Sa 8.00 – 13.00 Uhr

Kaufrausch –
Shopping-Tour durch die
Obere Altstadt

Konditorei Gmeiner

Gaf Gaf

Wer Freiburgs Stadtmitte sucht, findet sie unweiger-lich am Bertoldsbrunnen. Hier, unter den gestrengen Augen des fünften Zähringer Herzogs, der als einer der Stadtväter gilt und der demzufolge hoch zu Ross und aus Bronze über die Nachfahren seiner Untertanen wacht, kreuzten sich schon in grauer Vorzeit zwei wichtige Handelswege: die Salzstraße, Teil einer Verbindung vom Rhein nach Oberschwaben und weiter bis nach Böhmen, und die „Große Gass", die heutige Kaiser-Joseph-Straße, auf der die Reisenden von Italien auf dem Weg in die Niederlande vorbeikamen. Heute geht der Hauptverkehr andere Wege, aber das Gewimmel rund um den Bertoldsbrunnen ist geblieben. Zum Martinstor hin nimmt die Hektik spürbar ab. Hinter dem ehemaligen Stadttor zweigt links die **Gerberau** ab. Hier geht es gemächlicher zu, Zeit also, sich in aller Ruhe nach ein paar netten Souvenirs umzusehen.

Allerdings: auch in Freiburg weichen traditionelle Läden immer öfter Handy-Boutiquen und internationalen Ketten. Wir empfehlen hier deshalb Geschäfte mit individuellem Sortiment, von denen wir annehmen, dass sie noch viele Jahre existieren werden.

Gleich an der Ecke lockt die **Konditorei Gmeiner** /1 mit hausgemachten Torten und Pralinen und einer Schaukonditorei für Figurbewusste. Wer historische Beschläge für Möbel oder Türen braucht, im Original oder als Replica, wird bei **Langenbeck** /2 (Gerberau 6) fündig. Gegenüber hat **La Speranza** /3 (Gerberau 3) genau das Richtige für Taschenjunkies und Krawatten-Fans, dazu ausgefallene Gürtel und Schals. Wenige Schritte weiter bietet die **Cónfiserie Rafael**

Mutter /4 (Gerberau 5) über 40 Sorten Pralinen und Törtchen zum Dahinschmelzen. Im **Weltladen** /5 auf der anderen Seite (Gerberau 12) kann man unter einem großen Angebot an fair gehandelten Produkten wie Kaffee, Tee und Kakao und Kunsthandwerk aus Entwicklungsländern

Weinbuchladen

wählen. Antiquitäten-Fans sei ein Blick in die Schaufenster von **Reichert Antiquitäten** /6 (Gerberau 7B) empfohlen. Hier findet man Bestecke, altes Leinen, Jugendstilfliesen und Kunstkeramik, nicht selten zu Schnäppchenpreisen. Gegenüber stellt der Spielzeugladen **Holzpferd** /7 überwiegend pädagogisch Wertvolles aus, der Renner ist aber die winkende Kunststoff-Queen. Daneben im Eckhaus Nr. 26 lockt **Gaf Gaf** /8 mit geschmackvollen Einrichtungs- und Dekorationsgegenständen aus afrikanischen und arabischen Ländern. **Blendwerk** /9, schräg gegenüber, führt eine gut sortierte Auswahl an Kunstdrucken und jede Menge qualitativ ansprechender Postkarten.

Gehen Sie jetzt nach rechts die paar Schritte zur parallel verlaufenden **Fischerau** hinunter. Viele kleine Läden haben sich dort niedergelassen.

Das Angebot reicht von exklusiver Second-Hand-Mode im **b2** /10 über italienische Feinkost (köstliche Ravioli!) bei **La Pasta Mia** /11, japanischen Einrichtungsgegenständen und Accessoires bei **Kido** /12, Wein und die dazugehörige Literatur im **Weinbuchladen** /13 und

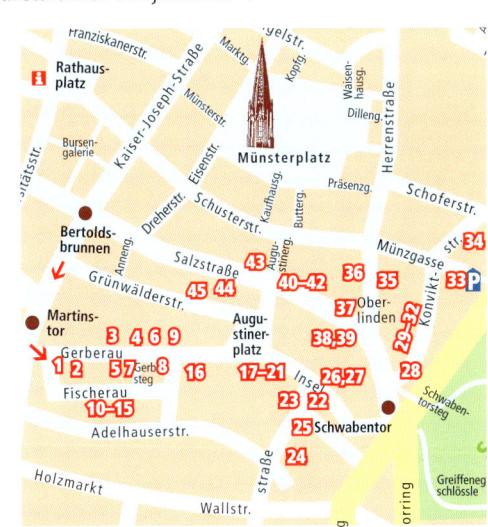

Milagro

Honig-Galerie

artisanos

Taschen und ausgefallene Mode bei **Stilbruch** /14. Den Abschluss der kleinen Zeile bildet die **Honig-Galerie** /15 mit einem beeindruckenden Sortiment an Honig und Bienenwachskerzen.

Wieder zurück in der Gerberau werden die Damen und Herren gleichermaßen bedient: **Mariela Lingerie** /16 (Gerberau 28A) bezaubert mit raffinierter Wäsche für sie und ihn! Neben einer großen Schmuckauswahl bietet **Milagro** /17 (Gerberau 38) Volkskunst aus Mexiko, zum Beispiel gehämmerte Spiegel aus Weißblech. Praktisch für die Reise sind die Klappaltäre im Streichholzschachtel-Format.

Liebhaber mediterraner Töpferware werden am unteren Ende des Augustinerplatzes im **Patara** /18 fündig. Hier gibt es auch eine große Auswahl an Tafelsilber aus den Beständen alter Ozeandampfer.

Wenn Sie nun in Richtung Hausbrauerei Feierling gehen, verpassen Sie nicht die Läden in der Gerberau 44. Buddhistisches wie Klangschalen und Gebetsfahnen gibt es bei **artisanos** /19, Skandinavisches für Kinder und Mütter bei **Fräulein Smilla** /20 und Naturkleidung bei **Merino** /21.

Hinter der Hausbrauerei Feierling führt ein Steg über den Gewerbekanal auf die so genannte Insel und in die Marienstraße. Der Spielzeugladen **Papagena** /22 ist eine Fundgrube für Käthe-Kruse-Puppen und Blechspielzeug. Gegenüber finden Sie die schönsten und raffiniertesten Stoffe bei **Karl Etoffe und Max Tessuti** /23 (Marienstr. 14). Jede Menge Kinderbücher und fachkundige Beratung gibt es im **Fundevogel** /24 ein paar Meter weiter gegenüber vom Museum für Neue Kunst.

Gehen Sie den selben Weg wieder zurück, stoßen Sie noch diesseits des Gewerbekanals auf die **Keramikwerkstatt Ika Schilbock** /25.

Unsere Tour führt über die Brücke zurück in die Gerberau, wo gleich gegenüber der kleinste Schmuckladen Freiburgs, **mazzo d'oro** /26, ausgefallene Stücke

(Manschettenknöpfe!) präsentiert. Riskieren Sie einen kurzen Blick in den romantischen Innenhof und die dahinterliegende Galerie **Eigen art** /27 mit Kunst und Kitsch.

Nehmen Sie nun den kleinen Anstieg an der Wäscherei Himmelbach vorbei zum Schwabentor. Von dort zweigt rechts die Konviktstraße ab. Direkt am Anfang be-

Etoffe & Tessuti

findet sich rechter Hand das **Antiquitätengeschäft Am Schwabentor** /28. Suchen Sie hier nach einer echten, alten Schwarzwalduhr, vielleicht haben Sie Glück. Designermode gegen Uniformität − unter diesem Motto tritt ein paar Häuser weiter (Konviktstr. 49) das Geschäft **deutschedesigner** /29 an. Junge Designer bieten exquisite und ausgefallene Mode zu bezahlbaren Preisen.

Ein paar Schritte weiter bei **Collage** /30 (Konviktstr. 45) werden Sie fündig, wenn Sie Schönes aus Holz und anderen edlen Materialien lieben, zum Beispiel eine handgedrechselte Gewürzmühle oder einen ausgefallenen Untersetzer aus Porzellan. Die leiblichen Genüsse dazu in Form von italienischer Feinkost gibt's bei **Zylinder** /31 (Nr. 51).

Antiquitäten „Am Schwabentor"

In Zeiten des Digitaldrucks fast schon ein Relikt aus alten Zeiten: die **Gutenbergdruckerei** /32 (Konviktstr. 14), bei der man sich nicht nur edle Visitenkarten drucken lassen kann, sondern auch viel Schönes aus Papier und Stoffen findet. Nach rund einhundert Metern zweigt von der Konviktstraße rechts der Weg zur Schloss-

mazzo d'oro

Culinaria

berggarage ab. Dort hat sich neben dem Cáfe Domino das Wein- und Gourmet-Geschäft **Culinaria** /33 mit badischen und mediterranen Spezialitäten niedergelassen.

Ziemlich am Ende der Konviktstraße versammelt sich eine Reihe von **Antiquitätengeschäften** /34, die mit einem gemeinsamen Prospekt auf sich aufmerksam machen. Ein Besuch lohnt sich, ob man nun eine seltene Uhr sucht, ein ausgefallenes Buch oder ein antikes Trinkglas.

Designermode zu – relativ – günstigen Preisen gibt's im **Paris Passion** /35 (Herrenstraße 45). Gegenüber im Haus Nr. 56 führt der **Old English Store** /36 alles, was man für eine gepflegte Tee- oder Kaffee-Runde braucht. An der Kreuzung Herrenstraße/Salzstraße steht an einem Brunnen die Linde, die der Gegend ihren Namen Oberlinden gegeben hat.

Uhren-Atelier

Wie wär's mit einem Picknick unter dem mächtigen Baum? Im **Designerladen Effinger** /37 (Oberlinden 1) wartet der passende Picknickkorb. Schräg gegenüber gibt's coole Schuhe im Fashion Store **Good True Beautiful** /38 (Oberlinden 8) und wenige Schritte weiter Richtung Augustinerplatz lockt der Freiburger **Fan-Shop** /39 die Fußball-Junkies. Gegenüber hat die seriöse

Kunst ihr Zuhause: bei **Kuri Künstlerbedarf**/40 (Salzstraße 49) findet der Hobbymaler alles, was er braucht, dazu schöne Schreibwerkzeuge und edle Papiere. Dann lockt im Haus Nr. 47 ein **Blumenladen** /41 die Kunden mit künstlerischen Ambitionen an. Ambitioniert ist auch das Sortiment der **Buchhandlung zum Wetzstein** /42 mit Raritäten, Erstausgaben und Original-Grafiken.

Galleria d'Arte Casana

Keine zehn Schritte weiter locken an der Ecke Salzstraße/Augustinergasse die Schaufenster von **Marien** /43 mit nicht alltäglichem Modeschmuck. Freunde von Stilmöbeln, russischen Ikonen und antikem Tafelsilber werden in der **Galleria d'Arte Casana** /44 schräg gegenüber fündig. Wenn Sie nun Richtung Bertoldsbrunnen weitergehen, verpassen Sie nicht den Eingang Salzstraße 22. Dahinter verbirgt sich eine schmale Passage, an deren Ende **Etcetera** /45 (Grünwälderstraße 19) eine feine Auswahl an klassischem Modeschmuck, Hüten und mehr bietet.

Wer möchte, kann gleich einen zweiten Rundgang anschließen.

Buchhandlung zum Wetzstein

Old English Store

Shopping-Tour durch die Untere Altstadt

Freiburgs „Untere Altstadt" bildet den westlichen Teil der Innenstadt. Hier, in der Nähe des Rotteckrings, schiebt sich das moderne Freiburg in die heimeligen Gässle, besetzt die eine oder andere Baulücke und macht sich in Form von Betonfassaden breit. Das geht nicht immer gut, und die Sünden der Gegenwart werden umso aufdringlicher, je näher das Siegesdenkmal kommt. Aber wer weiß, vielleicht gelten in ferner Zukunft andere Maßstäbe.

schwarzundwald

Die Shopping-Tour durch die „Untere Altstadt" beginnt wie die Tour durch Freiburgs „Obere Altstadt" am **Bertoldsbrunnen**. Wenige Schritte in westlicher Richtung durchqueren wir zunächst die neu gestaltete **Bursengalerie** /1 und lenken dann unsere Schritte in die Rathausgasse 12 (Ecke Universitätsstraße). Hier lockt der etwas andere Souvenirladen **schwarzundwald** /2 mit pinkfarbenen Kuckucksuhren oder Bollenhut tragenden Quietschenten. Konventionelleres findet sich bei **Holzkunst** /3. In dem winzigen Laden findet sich alles, was der Schnitzwerk-Liebhaber begehrt, von der Wildsau über die Kuckucksuhr bis zur Barock-Putte.

In der Merianstraße 4 bietet die **Weinhandlung Drexler** /4 seit über hundert Jahren Top-Weine aus Baden und dem Rest der Welt, dazu Spirituosen aus der Regio. Nach unseren Erfahrungen kann man sich mit einer Flasche Kaiserstühler Kirschwasser als Mitbringsel äußerst beliebt machen.

Gegenüber der Weinhandlung beginnt die Schiffstraße. In Haus Nr. 6 erwacht für wenige Euro das Fernweh: Das **Landkartenhaus Freiburg** /5 ist für sein umfangreiches Sortiment an Reiseführern sowie Land- und Wanderkarten im gesamten Umland als erste Adresse bekannt. Zwei Häuser weiter deckt die **Papeterie** /6 den Bedarf für den gehobenen Postkartenschreiber. Wir folgen der Schiffstraße bis zu ihrem westlichen Ende zum sogenannten Predigertor. In den letzten Jahren ist an dieser Stelle das Quartier Unterlinden

Fliegende Händler am Rotteckring

entstanden, das dem nördlichen Ende des Rotteckrings nun ein Gesicht gibt. An der Westfassade bezeugt eine Inschrift, dass Kaiser Maximilian im Jahre 1492 sozusagen auf Dienstreise hier im damaligen Predigerkloster genächtigt hat. Heute locken Luxusboutiquen und Naturkostläden den Besucher ins Quartier.

Durch die etwas versteckte Unterlindenpassage führt die Tour zurück in die Gauchstraße und von hier über

Landkartenhaus

die Merianstraße in die Turmstraße. Das **Still III** /7 im Haus Nr. 16 ist ein Spezialgeschäft für Streetware, also für alles, was hipp und hopp ist – und eine In-Adresse für alle Graffiti-Künstler.

Für junge Besucher lohnt sich ein Gang zum Rotteckring. Am Schwarzen Kloster bieten **Fliegende Händler** /8 an ihren bunten Ständen Schmuck, indische Klamotten, Tücher und mehr feil.

Gleich um die Ecke biegen wir in eine der typi-

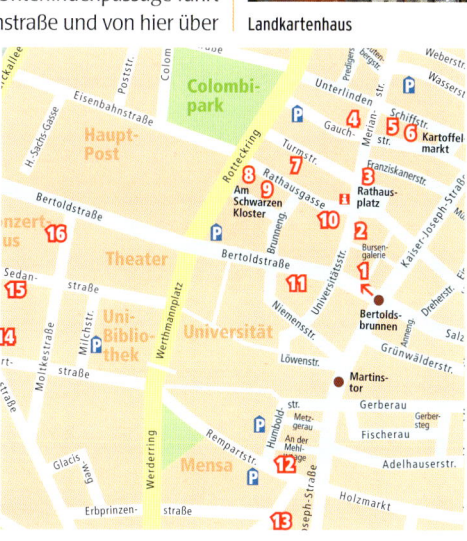

Stefan Meiers Tabakladen

schen bundesdeutschen Ladenstraßen ein, die in Freiburg Rathausgasse heißt und in der sich zum größten Teil die allseits bekannten Filialisten niedergelassen haben. Einige besondere Geschäfte gibt es dennoch, zum Beispiel die **Buchhandlung Am Schwarzen Kloster** /9, ein Spezialgeschäft für Kriminal-, Fantasy- und Science-Fiction-Literatur. Wenn Sie gegenüber vom rot getünchten „Kleinen Meyerhof" unter dem Torbogen nach rechts abbiegen, finden Sie den Laden nach einem weiteren Torbogen direkt auf der linken Seite. Fragen Sie Robert nach seinen ganz speziellen Krimi-Tipps. Für perfekten Rauchergenuss sorgt **Stefan Meiers Tabakladen** /10 mit einem großen begehbaren Humidor, einer riesigen Auswahl an Zigarren und Whiskeys und vor allem mit kompetenter Beratung.

Schrilles, Schräges, auf jeden Fall handgemachte Unikate, vor allem witzige Taschen, gibt es bei **Morganarama** /11, Bertoldstr. 12. Der Laden hat sich gut versteckt: er befindet sich im Hinterhaus und man muss klingeln, damit sich die Türe öffnet. Nur ein kleiner Schaukasten auf dem Gehsteig weist auf diese originale Fundgrube hin. **XfürU** /12, Rempartstr. 7, ist

Morganarama

der Spezialist für Comics und Cartoons jedweder Art und Herkunft: von Mainstream- bis zu Independent-Publikationen finden Sie fast alles zum Thema, dazu Comic-Figuren und limitierte Siebdrucke.

Gegenüber, ein paar Schritte in die Gartenstraße hinein, gibt es bei **Mono** /13 im Haus Nr. 13 echte Schallplatten, viele davon gebraucht, dafür gesuchte Raritäten.

Nun lohnt sich noch ein Abstecher auf die andere Seite des Werderrings. **Max-Lui** /14, Belfortstr. 27, ist eine nicht alltägliche Kombination aus Frisör und feinem Modegeschäft. Neben dem richtigen Haarschnitt finden Mann und Frau auch edle Hemden und Blusen und

MAX-LUI

Maßgeschneidertes. Passend zu Freiburg: der Umweltversand **Waschbär** /15 hat hier seinen Sitz und in der Sedanstr. 22 seinen Verkaufsraum: Textilien, Kosmetika und vieles mehr – alles 100% ökologisch korrekt. Im **ReHa-Laden** /16, Moltkestr. 5, freut man sich ganz sicher auf Ihren Besuch. Das schöne Holzspielzeug und viele andere handwerklich reizvolle Dinge wurden zum Teil von behinderten Menschen hergestellt, und der Verkaufserlös kommt diesen direkt zugute.

Uli Pröfrock, XfürU

Von Torten und Törtchen – die Cafétanten-Tour

Die „Schwarze Dame" im
Café Schmidt ↑, Bertoldstr. 19a
Mo–Fr 7.30–18.30 Uhr
Sa 8.30–18.00 Uhr

L eider, leider: die Cafétanten-Tour wird's vermutlich nur häppchenweise geben: petits fours statt Schwarzwälder Kirschtorte. Aber zwei bis drei Stationen sind im Nu geschafft – vorausgesetzt, Sie spazieren die Kalorien zwischendurch wieder weg.

Beginnen wir die Tour am Theater.

Im **Theatercafé** /1 können Sie ab und zu auch mal ein Gesicht erkennen, das man aus dem Fernsehen kennt. Für Freiburger Verhältnisse ist das schon was. Wem weniger an Prominenz liegt, der wird bei einem Cappuccino den Blick auf das Gewimmel in der Bertoldstraße genießen.

Direkt gegenüber der Uni versorgt das **Café Schmidt** /2 in der Bertoldstraße 19 a seit Jahrzehnten die Freiburger mit leckeren Torten und feinem Gebäck. Probieren Sie die „Schwarze Dame" und Sie reisen nie wieder ab. Auch wer ein süßes Souvenir sucht, ist hier goldrichtig: Decken Sie sich mit den schokoladenüberzogenen „Münsterspitzen" oder mit den „Freiburger Bobbele" ein.

Theatercafé ↑ Bertoldstr. 46
Mo–Fr 10.00–24.00 Uhr
Sa 10.00–2.00 Uhr
So 17.00–24.00 Uhr

Café Graf Anton
im Colombi Hotel, Rotteckring 16
Mo–Sa 8.00–18.00 Uhr
So 10.00–18.00 Uhr

Die Daheimgebliebenen werden es Ihnen danken.

Ein paar Schritte weiter, am Rotteckring, logiert unter dem Ehrfurcht gebietenden Dach des Colombi-Hotels – das erste Haus am Platz – das **Café Graf Anton** /3. Aber keine Angst: der Service ist äußerst freundlich und kompetent, und die Torten und Kuchen gehören zum besten, was Freiburg in dieser Hinsicht zu bieten hat. Besonders die St.-Honoré-Torte und die Schwarzwälder-Kirsch sind zum Dahinschmelzen. Und das zu sehr moderaten Preisen.

Auf der anderen Seite des Rings, schräg hinter dem Theater, liegt in der Belfortstraße das **Café Auszeit** /4. Der Name ist hier Programm. Die beiden jungen Betreiber haben im hinteren Teil des winzigen Cafés ein gemütliches Refugium geschaffen, das zum Verweilen einlädt – ebenso wie die selbstgebackenen Nussecken und andere Backwaren aus eigener Produktion. Für die Eiligen gibt's alles auch zum Mitnehmen.

Am oberen Ende der Altstadt, an der Ecke Schusterstraße/Herrenstraße, glitzert ein Schmuckkästchen ganz anderer Art: das **Strass-Café** /5. Hier konkurrieren Espresso und Co mit Modeschmuck aus den USA aus der Zeit von 1920 bis 1970. Kaum zu sagen, wer Sieger ist: der exzellente Kaffee aus der Kult-Maschine oder die seltenen Stücke aus der Schmuck-Schatulle.

Auf der anderen Seite der Herrenstraße, in der Münzgasse, lockt das **Café Domino** /6 zum Sehen und Gesehen werden. Im Sommer stehen die Tische auf

Strass-Café ⬆ Herrenr. 44
Mo–Fr 10.00–18.30 Uhr
Sa 10.00–17.00 Uhr, So geschl.

Café Auszeit, Belfortstr. 25
Mo–Fr 6.30–18.30 Uhr
Sa 7.00–14.00 Uhr
So 8.00–11.00 Uhr

Café Domino, Konviktstr. 21
Mo–Sa 8.30–24.00 Uhr
So 12.00–19.00 Uhr

Café Ruef, Kartäuserstr. 2
Mo–Fr 6.00–14.00 Uhr
Sa 6.00–19.00 Uhr

der Straße und auf dem Platz vor der Schlossberg-
garage, und es lässt sich bestens beobachten, wen es
alles in die Innenstadt treibt.

Im Anschluss schlendern Sie durch die Konviktstraße

zum Schwabentor. Ein
paar Schritte jenseits des
Stadttors liegt in der Kartäuserstraße eine Freiburger Institution, das **Café
Ruef** /7, in dessen Wohn-
zimmeratmosphäre sich
schon so mancher Stu-
dent nach durchzechter
Nacht regeneriert hat.
Für einen Besuch sollte
genügend Zeit eingeplant
werden, denn hier muss
die Entdeckung der Lang-

Café Atrium ↑
Augustinerplatz 2
Di–Fr 9.30–24.00 Uhr
So u. Mo 9.30–18.30 Uhr

samkeit ihren Ursprung haben. Vielleicht liegt irgend-
was in der Luft, dass man plötzlich so gelassen wird.
Eiligere bleiben diesseits des Tores und folgen der
Salzstraße in Richtung Stadtmitte. Sie gelangen nach
zwei Minuten zum Augustinerplatz mit dem **Café

Café Capri, Gerberau 30
Mo–Sa 11.00–1.00 Uhr
So 11.00–19.00 Uhr

Atrium** /8, das mit einer großen Sonnenterrasse und
einer bemerkenswerten Frühstückskarte besticht: Bestellen Sie das Wellness-Frühstück mit frisch gepress-
tem Karottensaft und Kräuterquark.

Altstadt-Café, Gerberau 12,
Mo–Fr 9.00–18.30 Uhr
Sa u. So 10.00–18.00 Uhr

Gegenüber hält sich inmitten der angeschickten
Szenerie wacker das **Café Capri** /9 mit seinem ange-
staubten Szene-Charme. Hier ist die Enklave der Schach-

Café im Augustinermuseum >
Augustinerplatz 1–3
Di–Sa 9.00–19.00 Uhr
Sonn- u. Feiertag 10.00–19.00 Uhr

Café Gmeiner
Kaiser-Joseph-Straße 234
Mo–Sa 10.00–18.30 Uhr
Sonn- u. Feiertag 13.00–18.30 Uhr

Nicos Café, Rempartstraße 9
Mo–Sa 10.00–18.00 Uhr

spieler, die im ersten Stock des Cafés ihre Tage verbringen. Legendär ist der Marmorkuchen.

Ein paar Meter weiter die Gerberau entlang Richtung Martinstor kann man im **Altstadtcafé** /10 seit je her rauchfreie Atmosphäre genießen und die Sommertage bei einem tellergroßen Stück „Apfelwähe" auf der Terrasse über dem Gewerbekanal an sich vorbeiziehen lassen.

Genau gegenüber in der Gerberau 5 bietet die **Confiserie Mutter** /11 alles, was des Süßschnabels Herz begehrt. Im Verkaufsraum türmen sich hausgemachte Pralinen und handgeschöpfte Schokolade, im hinteren Bereich und auf der oberen Etage laden gemütliche Sitzecken zur Degustation vor Ort. Zum Kaffee oder zur heißen Schokolade gibt's kleine Probierstückchen aus der hauseigenen Produktion.

An der Ecke Gerberau/Kaiser-Joseph-Str. lockt das **Café Gmeiner** /12. Hier kann man den Konditorinnen beim kunstvollen Verzieren von Torten und Petit Fours zuschauen.

Confiserie Rafael Mutter ↑
Gerberau 5
Mo–Fr 9.00–19.00 Uhr
Sa 9.00–18.00 Uhr
So geschlossen

Kolben-Kaffee
Kaiser-Joseph-Str. 233
Mo–Fr 7.00–20.00 Uhr
Sa 8.00–20.00 Uhr
So 10.00–17.00 Uhr

Der gotische Kreuzgang bietet eine einmalige Atmosphäre zum entspannten Kaffeegenuss im **Café im Augustinermuseum** /13. Bei schönem Wetter werden die Stühle bis 23 Uhr auch ins Freie gerückt.

Nicos Café /14 -Stammgäste sind überzeugt: hier läuft Freiburgs bester Ristretto in die kleinen Tässchen.

Im **Blumen**, **Kunst**, **Café und Wein** /15 an der Wallstraße finden sie eine charmante Kombination aus eben diesen Dingen. Im Sommer kann man sich im kleinen Vorgarten zwischen Blumen und Sträuchern niederlassen.

Das **Kolben-Kaffee** /16 am Martinstor ist ein Stehcafé der feinen Sorte. Schon allein der Anblick der süßen Teile in der Glasvitrine macht schwache Knie. Versuchen Sie einen hausgemachten Brownie oder eines der köstlichen Fruchttörtchen, dazu einen Cappuccino (mit Milchschaum!).

Blumen, Kunst, Café und Wein ↑
Wallstraße 12
Di–Sa 9.00–18.00 Uhr

UC-Café, Niemensstr. 7
Mo–Do 8.00–24.00 Uhr
Fr u. Sa 8.00–2.00 Uhr
So 10.00–24.00 Uhr

Café Journal, Universitätsstr. 3
Mo–Sa 8.00–24.00 Uhr
So 10.00–24.00 Uhr

Karma, Bertoldstr. 51–53
Mo–Do 10.00–2.00 Uhr
Fr u. Sa 10.00–3.00 Uhr
So 10.00–1.00 Uhr

Zurück durch das Martinstor führt der Weg links in die Löwenstraße. Von hier aus sind im Sommer schon die zahlreichen Tische vor dem **UC-Café** /17 zu sehen, einem Treff für überwiegend junges Publikum, das seine Köpfe in die riesigen Milchkaffee-Schalen steckt. Schräg gegenüber zieht das **Café Journal** /18 die gesetzteren unter den Freiburger Studenten in sein Schaufenster.

Geht man nun die Bertoldstraße weiter Richtung Bahnhof, muss man aufpassen, dass man den unscheinbaren Eingang zum **Karma** /19 nicht verpasst. Hinter dem Durchgang liegt ein Gesamtkonzept aus Bar, Disco, Restaurant, Wintergarten und dem einzigen Sandstrand der Innenstadt, an dem man im Liegestuhl oder Strandkorb dem Abend entgegendösen kann.

Mehr als ein Café im üblichen Sinn, dazu eine Bar, eine Disco, ein Club – und das alles mit einer grandiosen Aussicht: Das **Kagan** /20 im 17. und 18. Stock des Bahnhofturms ist ein „must" für alle Freiburg-Besucherinnen und -Besucher, ob zum Frühstück, zum Lunch, zum Kaffeeplausch am Nachmittag oder zum Sonnenuntergang am Abend. Die Öffnungszeiten von 10.00 Uhr morgens bis in die frühen Morgenstunden des nächsten Tages setzen dem Genuss keine zeitlichen Grenzen.

Kagan, Bismarckallee 9

Eiscafés

Gibt es etwas Schöneres, als an einem strahlenden Sommertag ganz entspannt im Hier und Jetzt in einem Straßencafé hinter einem dicken Eisbecher zu sitzen und den Passanten zuzuschauen. Da lassen wir so schnell nichts drüber kommen, und ganz besonders gerne sitzen wir dabei an einem späten Samstag Vormittag auf dem Münsterplatz bei **Lazzarin** und essen Sahne-Kirsch-Eis. Ein echter Geheimtipp ist das **Eiscafè Castaldi**, das etwas verborgen in der Zürich-Passage am südlichen Ende der Kaiser-Joseph-Straße liegt. Der sympathische Nico macht hier täglich frisches Eis aus dem, was die Natur gerade vorhält: Pflaumeneis zur Pflaumenzeit, Brombeereis, wenn es Brombeeren gibt, Eis aus Stachelbeeren, Melonen oder Sauerkirschen. Aber nicht zu toppen ist das Schokoladeneis.

In der gleichen Liga ist nur noch das Spaghetti-Eis im **Portofino** am Theater. Zart-schmelzend, mit feinem Vanille-Geschmack und einer himmlisch-roten Erdbeersauce …

Adelhauser Kirchplatz

Umsonst und draußen:
Plätze und Parks
zum Verschnaufen

Oasen für Verschnaufpausen, kleine stille Rückzugswinkel, aber auch lebendige Orte zum Treffen und Zusammensitzen – jeder Platz und jeder Park hat sein eigenes Flair, seine eigene Atmosphäre.

Münsterplatz

Der quirligste von allen, insbesondere vormittags zur Marktzeit (s. S. 22), ist der **Münsterplatz** /1, auch „Freiburgs gute Stube" genannt.

Zur warmen Jahreszeit belegen die Restaurants dann noch die letzten Quadratmeter Freifläche. Richtig beschaulich ist ein Spaziergang über den Platz nach Sonnenuntergang, wenn er fast leer ist und das angestrahlte Münster besonders eindrucksvoll die Szene dominiert. Unter den vielen historischen Gebäuden, die den Münsterplatz begrenzen, ist das rote „Historische Kaufhaus" an der Südseite das markanteste. Schmuckstücke sind die beiden Brunnen an der Westseite: der Fischbrunnen und der Georgsbrunnen.

Hinter der Ostseite des Münsterplatzes liegt ein kleines Karree: der **Platz vor der Alten Münsterbauhütte** /2. Hierher können Sie sich zurückziehen, wenn es Ihnen rings ums Münster zu turbulent zugeht.

Der Platz mit dem südländischsten Flair ist der

Augustinerplatz /3 zwischen Gerberau und Salzstraße. Sein Namensgeber ist das frühere, an seiner Ostseite gelegene Kloster der Augustinereremiten, das heutige Augustinermuseum. Ein Stück der alten Stadtmauer ist noch erhalten. Hier ist der Ort für zwangloses Beisammenhocken auf den Stufen und Pflastersteinen bis spät hinein in die Nacht (nicht

Kunstmarkt auf dem Augustinerplatz

immer zur Freude der Anwohner, vor allem dann, wenn die mitgebrachten Bierflaschen liegen bleiben). Ein paar Meter weiter stellt der **Adelhauser Kirchplatz** /4 das genaue Gegenteil dar. Mit den großen, alten Kastanienbäumen und dem Gänsemännlebrunnen wirkt er beschaulich und stimmungsvoll. Ein idealer Ort, um auf einer Parkbank ein bisschen Ruhe zu finden.

Oberlinden /5 gilt als die Keimzelle des alten Freiburg. Die romantische Straßengabelung umfasst einen Brunnen, eine 250 Jahre alte Linde und ein paar Bänke. Genießen Sie von hier aus den Blick auf das Schwabentor.

Der **Kanonenplatz** /6 liegt am Schlossberg, oberhalb von Schwabentor und Greiffeneggschlössle. Von hier haben Sie einen schönen Blick über die Altstadt. Wer jetzt noch Puste hat, sollte unbedingt die 153 Stufen auf die Plattform des **Schlossbergturms** oberhalb des Kanonen-

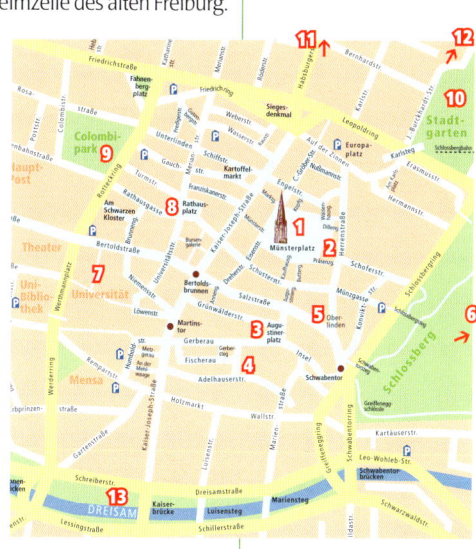

Kanonenplatz

platzes in Angriff nehmen. Hier bietet sich ein einzigartiger Rundblick über Freiburg und Umgebung.

Der **Innenhof** zwischen den Kollegiengebäuden der **Universität** /7 ist zumeist von Studierenden bevölkert, die hier auf die nächste Vorlesung warten, Freunde

Café auf dem Rathausplatz

treffen oder einfach auf einer der Bänke in der Sonne sitzen. Auch Nicht-Studierende genießen die lebhafte Atmosphäre des Platzes und die studentenfreundlichen Preise der beiden Cafébars.

Berthold Schwarz, Pulvererfinder und berühmter Sohn der Stadt, bewacht von seiner Säule herab den **Rathausplatz** /8, dessen östliche Seite vom Kreuzgang des Franziskanerklosters begrenzt wird. Vor dem Rathaus sind mit Kieselmosaik die Wappen aller Freiburger Partnerstädte eingelassen.

Der **Colombipark** /9 rings um das Colombischlössle ist eine künstlich angelegte Erhebung, die Teil des früheren, von Ludwig XIV angelegten Festungsringes war. Heute dient er nur noch ganz friedlichen

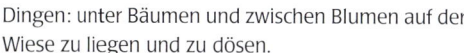

Dingen: unter Bäumen und zwischen Blumen auf der Wiese zu liegen und zu dösen.

Eine elegant geschwungene Fußgängerbrücke führt zum **Stadtgarten**/10, einer Parkanlage, die die Verbindung zwischen der Altstadt und dem Schlossberg herstellt. Von hier startet die kleine Bahn auf den Schlossberg, im Musikpavillon finden Konzerte statt und auf einer Großanlage können Sie Schach im Freien spielen.

Alter Friedhof

Ganz und gar tropisch ist die Vegetation im **Botanischen Garten** /11 an der Schänzlestraße. Besonders eindrucksvoll: das Farn- und Tropenhaus mit gewaltigen Gewächsen, darunter haushohe Kakteen.

Eine Umgebung von ganz besonderer Ruhe und Beschaulichkeit bietet der **Alte Friedhof** /12 im Stadtteil Herdern. Bis 1872 diente er den angesehensten Freiburger Familien als letzte Ruhestätte. Das bekannteste Grabmal ist das eines im Alter von 16 Jahren verstorbenen Mädchens: sommers wie winters wird es von unbekannter Hand mit Blumen geschmückt.

Eine vor allem bei Studenten sehr beliebte „Park-Anlage" ist das mit Gras bewachsene **Dreisamufer** /13. Hier läßt es sich prächtig in der Sonne faulenzen, und das leise glucksende Flüsschen hält nicht nur die Füße

Stadtgarten

kühl, sondern auch die mitgebrachten Sprudel-, Bier- und Weinflaschen. Seit einiger Zeit müssen sich die Umsonst-und-Draußen-Fans das Terrain mit dem Dreisamufer-Café teilen, was in der Anfangsphase für Unmut gesorgt hat. Doch mittlerweile wärmt die Breisgau-Sonne Wiesenfreaks und Liegestuhlfans gleichermaßen.

Colombi-Park

Der schnelle Hunger –
Häppchen zwischendurch

Markthalle

Internationale Köstlichkeiten in
der Markthalle

Klar, dass in Freiburg auch McDonald's & Co. Fuß gefasst haben. Damit das auch niemand übersieht, durfte der amerikanische Fleischklops-Multi seine Werbung sogar am historischen Martinstor anbringen. Allerdings mit einer Beschränkung: nicht die übliche schrill-gelbe Neon-Reklame, sondern nur Buchstaben in solidem Kupfer – ein echter südbadischer Kompromiss. Dass gerade rund ums Martintor besonders viele preiswerte Schnellimbisse entstanden sind und hier auch die höchste Döner-Kebap-Dichte weit und breit zu verzeichnen ist, hat einen simplen Grund: Eine Straße weiter befindet sich die Universität, und die Studenten brauchen ab und zu eine für sie noch bezahlbare Abwechslung vom Mensa-Essen.

Markthalle, Osteria und O'Porto /1
Kaiser-Joseph-Str. 237
Eingang über das Martinsgässle, das im Volksmund auch „Fressgässle" heißt, oder über die Grünwälderstraße.
In den Räumen einer ehemaligen Zeitungsdruckerei hat sich eine bunte Mischung aus einem guten Dutzend Imbiss- und Getränkeständen angesiedelt. Über Mittag herrscht meist drangvolle Enge. Die kulinarische Bandbreite ist enorm und reicht vom badischen

Leberle über köstliches indisches Chicken-Curry, einem scharfen Pepper-Pot aus der Karibik, das brasilianische Nationalgericht Feijoada und über Suppen, Obstsalate und Säfte bis zum Kaffee-Stand „Zuccolotto" mit köstlichem Eis. Direkt mit der Markthalle verbunden sind Osteria und O'Porto (Grünwälderstr.). Zu den italienischen und portugiesischen Kleinigkeiten werden auch badische Spezialitäten und Weine angeboten.

Manna – die Spezerei

Manna – Die Spezerei /2

Salzstr. 28 / Augustinerplatz

Besser als jeder Hamburger: eine große Scheibe Vollkornbrot mit krosser Kruste und dazu eine abwechslungsreiche Auswahl an herzhaften Aufstrichen vom Kräuterquark bis zum Matjessalat. Auch feine Suppen und gute Kuchen.

Sesam /3

Ecke An der Mehlwaage/Kaiser-Joseph-Str. 262

Falafel, Taboulé-Salat, arabischer Kaffee und Tee von grüner Minze – in diesem kleinen Imbiss schmeckt es so original arabisch wie sonst nirgends in der Innenstadt.

Sushi Bar /4, Am Augustinerplatz 2

Mit Sushi, Tempura Maki und Ika Nigiri beladene kleine Schiffchen ziehen gemächlich vor den Augen des Gastes vorbei. Der muss nur noch zugreifen. Preiswertes Mittagsangebot einschließlich Miso-Suppe und grünem Tee.

Grace /5, Humboldstr. 2-4

Sehr schick und cool designed zeigt sich das In-Restaurant mit lauschigem Freisitz am Gewerbekanal. Raffinierte Kleinigkeiten aus der Küche und ein stimmiges Weinangebot machen den Aufenthalt

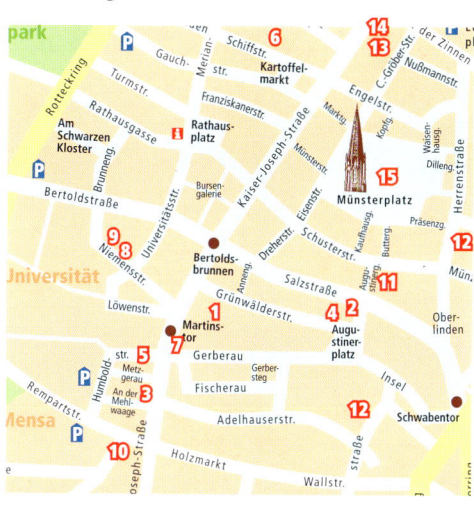

Grace

auch unter kulinarischen Gesichtspunkten sehr erfreulich.

Freiburger Salat-stuben /6, Schiffstr. 7–9, Schwarzwald-City, 1. OG

Hier wartet Freiburgs größtes Salat-Buffet auf alle, die schnell, gesund und vegetarisch essen möchten. Vieles kommt aus ökologisch korrektem Anbau und ist trotzdem – oder gerade deshalb? – ausgesprochen schmackhaft. Außer Salaten und Sprossen stehen täglich wechselnde Suppen und warme Gerichte – auch aus dem Wok, darunter auch mit Fleisch und Fisch – auf der Speisekarte, dazu eine große Auswahl an frisch gepressten Obst- und Gemüsesäften.

Kolbenkaffee

Kolbenkaffee /7, Kaiser-Joseph-Str. 233

In diesem Stehkaffee direkt am Martinstor konnten die Freiburger vor Jahren lernen, wie guter italienischer Espresso schmeckt und warum er trotz seiner Kraft viel bekömmlicher ist als die alte deutsche Filterbrühe. Für den schnellen Hunger werden belegte Brötchen angeboten, ferner Süßes aus eigener Produktion zum schwach werden.

mensa drei /8, Niemensstr. 7

Hier gibt es die schärfste Currywurst Freiburgs – und tadellose Pommes obendrein.

Euphrat /9, Niemensstr. 11

Der Döner wird hier nicht in dicke, unhandliche Brothälften gefüllt, die beim Hineinbeißen bis an die Ohren reichen, sondern in dünne, frisch gebackene Fladen gewickelt. Und schon schmeckt es besser.

Kebap-Haus /10, Ecke Rempart-/Gartenstr.

Der Name ist Programm: Döner in allen Ausführungen, auch solche mit Geflügelfleisch. Dazu türkischer Tee und Kaffee sowie das aus Joghurt gerührte Nationalgetränk Eiran.

Saftlädele /11, Augustinergasse

Wer nur eine Stärkung in Form eines frisch gepressten Saftes braucht und vielleicht noch ein Müsli dazu, der geht in die kleine Saftbar in der Verbindungsgasse

zwischen Salzstraße und Schusterstraße. Die „Vitamin-
bombe" gibt Energie für die nächsten zwei Stunden
Stadtrundgang.

Sonnensaft /12, Herrenstr. 60

Hier gibt es frisch gepresste Obstsäfte und dazu feine
Kleinigkeiten aus der arabischen Küche: Taboulé mit
Joghurt-Minze-Sauce, Vorspeisenteller mit vielen kleinen Köstlichkeiten sowie exotisch gewürzte Gemüse-
gerichte.

mm! Leckerbar /13,
Kaiser-Joseph-Str. 165, Eingang Nussmannstraße

Knuspriges Paillasse-Brot, würzige Suppen, Salate und
Müsli, eisgekühlte Smoothies und Säfte – und das
alles täglich frisch und handgemacht und garantiert
ohne künstliche Aromen und Geschmacksverstärker.

Restaurant im Kaufhaus Karstadt /14, Kaiser-Joseph-Str. 165

Ein Kaufhaus-Restaurant wie viele andere auch, aber
bei schönem Wetter lohnt sich der beeindruckende
Blick von der Terrasse auf Dach und Turm des
Münsters.

Münsterplatz-Wurst/15

Die Urgroßmutter aller Freiburger Schnellimbisse wird
hier zum Schluss gewürdigt. Es ist die berühmte
„Rote" vom Münster-
platz, eine Freiburger Legende, und trotzdem nur
eine – zugegeben sehr
appetitlich gewürzte –
gegrillte Rostbratwurst
mit gerösteten Zwiebeln
im Weckle, die es von
Montag bis Samstag an
den Wurstständen auf
der Nordseite des Mün-
sterplatzes gibt. Wer mit
einem Senffleck am
Mantel- oder Sakkokra-
gen durch die Stadt läuft,
hat hier sein schnelles
Mittagessen eingenom-
men.

Baden und die Welt – Tipps für Gourmets

Wer Freiburg besucht, betritt das Herz von Deutschlands kulinarischem Südwesten.

Dass in Südbadens Restaurants so gut gekocht wird wie kaum irgendwo sonst in Deutschland, hat sich inzwischen herumgesprochen. Das Geheimnis der hiesigen gastronomischen Kultur liegt jedoch nicht so sehr darin, dass einige wenige Restaurants mit bundesweit oder gar international beachteten Spitzenleistungen aufwarten. Es ist vielmehr die solide Basis und ein respektabler Mittelbau, die dafür sorgen, dass die Gefahr, für sein gutes Geld eine minderwertige Gegenleistung zu bekommen, hier weit geringer ist als anderswo.

Klar, dass die Nähe zu Frankreich und zur Schweiz auch die Köche auf der deutschen Seite des Rheins inspiriert. Aber nicht nur das: auch der Gast, der hier im Umkreis von einer Stunde Autofahrt ein überwältigendes gastronomisches Angebot vorfindet – und damit eben auch Vergleichsmöglichkeiten –, ist in und um Freiburg wohl ein bisschen kritischer und anspruchsvoller als anderswo und lässt sich deshalb nicht so leicht abspeisen. Badisch-französische Küche gilt deshalb als Inbegriff solider Schlemmerei – und das bei einem alles in allem noch immer recht akzeptablen Preisniveau.

Gastronomie am Münsterplatz

Colombi /1, Am Colombi-Park
Tel. 2 10 60, Fax 3 14 10, kein Ruhetag

Die Familie Burtsche und Küchenchef Alfred Klink haben dieses Hotel-Restaurant zur unangefochtenen Nummer eins in Freiburg gemacht. In einem Ambiente, das vornehm und gemütlich zugleich ist, wird feinste, von Frankreich inspirierte Hochküche serviert. Ein besonderer Tipp sind die Mittagsmenüs. Hier zeigt sich die volle Leistung der Küchenbrigade zum Schnupperpreis von ca. 30,– Euro.

Starkoch Alfred Klink in der Colombi-Küche

Eichhalde /2, Stadtstr. 91
Tel. 5 48 17, Fax 5 43 86, Ruhetag: Montag und Dienstag

Matthias Dahlinger hat seinen Michelin-Stern freiwillig zurückgegeben und damit bundesweit Schlagzeilen gemacht. Er kocht nun nach der Devise „einfach, aber köstlich" mit Kalbs- statt mit Gänseleber. Ob zart gebratener Thunfisch mit kräftiger Zitronenbutter, Kalbsnieren mit Pesto-Ravioli oder tadelloses Risotto mit Tintenfischen – jeder Teller beweist, dass hier ein hochbegabter Koch am Herd steht, der sein Handwerk nunmehr etwas entspannter angeht als zuvor. Das muss nicht zum Schaden der Gäste sein – im Gegenteil, auch wegen der deutlich kundenfreundlicheren Preisgestaltung. Gute badische Weine auf der Karte.

Restaurant Eichhalde

Schlossbergrestaurant Dattler /3
Am Schlossberg 7, Tel. 1 37 17 00, Fax 13 71 70 10, Ruhetag: Dienstag

Das Restaurant lässt sich mit der kleinen Bahn vom Stadtgarten aus erreichen oder per pedes über einen serpentinenreichen Fußweg. Die Aussicht ist herrlich, und

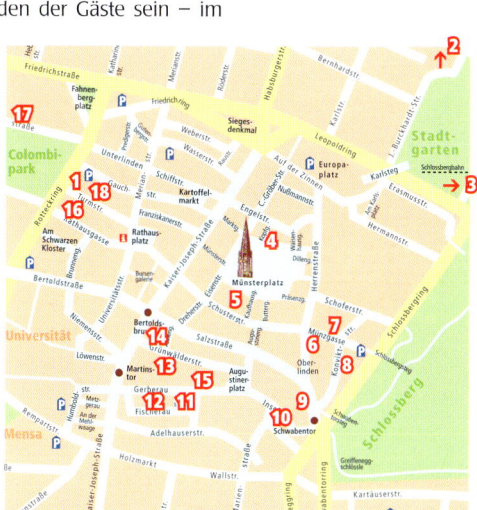

Schlossbergrestaurant Dattler

vor allem die nachmittägliche Kaffeetafel genießt einen guten Ruf.

Heiliggeist-Stüble /4

Münsterplatz 15, Tel. 2 92 35 79, Fax 2 92 35 78
Ruhetag: Montag

1998 ist diesem traditionsreichen Haus wieder neuer Schwung verliehen worden. Die Gaststube wurde renoviert, und auch die Küche ist seitdem auf der Höhe der Zeit mit einem leichten, aber urbadischen Angebot. Eine Besonderheit stellt die Weinkarte dar. Da das Haus der Freiburger Stiftungsverwaltung gehört, werden ausschließlich Weine von Stiftungskellereien ausgeschenkt – und das sind wirklich nicht die Schlechtesten.

Oberkirchs Weinstube/5

Münsterplatz 22, Tel. 2 02 68 68, Fax 2 02 68 69
Ruhetag: Sonntag

Hier ist Freiburgs gute Stube und das badische Viertele zu Hause. Auch die Küche pflegt die Tradition, z.B. mit zartem Ochsenfleisch und Meerrettichsauce. Zur warmen Jahreszeit ist ein „Hock" vor dem Haus auf dem Münsterplatz fast ein Muss.

Schwarzwälder Hof /6

Herrenstr. 43, Tel. 3 80 30, Fax 3 80 31 35
Ruhetag: Sonntag

Eine holzgetäfelte Gaststube mit gut bürgerlicher, badischer Küche. Eine Entdeckung wert ist die äußerst kundenfreundlich kalkulierte Weinkarte mit vielen großen Namen aus Frankreich.

Wolfshöhle /7 Konviktstr. 8, Tel. 3 03 03, Fax 28 88 84

Ruhetag: Dienstagabend und Mittwoch

Seit Sascha Weiss das Restaurant übernommen hat, weht ein frischer Wind durch das traditionsreiche Haus: Man sitzt auf chicen Lederstühlen und genießt eine leichte, saisonale Frischeküche aus vorwiegend regionalen Produkten. Sehr schön tafelt es sich sommers im Freien an einer der lauschigsten Ecken der Altstadt.

Wolfshöhle

Lichtblick /8

Konviktstr. 41 , Tel. 29 28 09 40, Fax 29 28 09 39

Ruhetag: Sonntag

In einem der romantischsten Sträßchen Freiburgs bietet der „Lichtblick" einen Kontrast mit nüchtern-modernem Ambiente. Die Küche liebt das Unkonventionelle, und so gibt es zum Beispiel Spanferkel mit den in Vergessenheit geratenen Butterrüben als Gemüse. Auch Topinambur-Püree und Pastinakengemüse machen den Besuch so spannend wie lohnend.

Zum Roten Bären /9,

Oberlinden 12, Tel. 38 78 70, Fax 3 87 87 17

Kein Ruhetag

„Deutschlands ältester Gasthof" – mit diesem werbeträchtigen Titel darf sich das Traditionshaus schmükken. Die Küche ist ordentlich, und für den schnellen Hunger wird ein täglich wechselndes Stammessen angeboten.

Zum Roten Bären

Enoteca /10,

Gerberau 21, Tel. 3 89 91 30, Fax 28 05 81

Ruhetag: Sonntag und Feiertage

Im schicken, lichten und luftigen Restaurant werden sehr gute italienische Spezialitäten serviert. Attraktiv ist das täglich wechselnde Mittagsmenü in der 15-Euro-Klasse. Die Weinkarte ist auch für Italo-Freaks eine Fundgrube, die Grappa-Auswahl verführerisch. Schräg gegenüber öffnet am Abend der kleine, rustikale Ableger, die **Trattoria**.

Zur Sichelschmiede /11

Insel 1, Tel. 3 50 37

Kein Ruhetag

Ein fast schon puppenstubenartiges Schmuckstück auf der „Insel", einem kleinen Quartier am ehemaligen Gewerbebach. Die Speisekarte ist gut badisch mit kräftigem Vesper-Anteil. Schöne Terrasse am leise rauschenden Bächle.

Sichelschmiede

Markgräfler Hof /12

Gerberau 22, Tel. 32540, Fax 2964949

Ruhetag: Montag

Eine sehr gepflegte Adresse am Rande der Altstadt. Ob Kalbsleberle mit Brägele oder Nudeln mit Steinpilzen – frische Produkte und tadellose Zubereitung machen den Aufenthalt zum Vergnügen. Badisch-mediterranes Angebot.

Jaipur /13, Gerberau 5 (Dietler-Passage), Tel. 27 20 82

Ruhetag: Sonn- und feiertags am Abend

Wer nach fernöstlicher Abwechslung auf dem Teller sucht, wird in diesem indischen Spezialitäten-Restaurant fündig. Bei exotisch gewürzten Curry-, Linsen-, Reis- und Hähnchengerichten kommt keine kulinarische Langeweile auf.

Kleine Fluchten

Liebhabern schöner Aussichten empfiehlt sich ein Kurztrip auf Freiburgs Villenhügel Lorettoberg. Dort oben, ganz in der Nähe des Hildaturms und neben der Lorettokapelle, bietet das **Schlosscafé** – halb Café, halb Kneipe – mit seiner Terrasse einen satten Blick über die Dächer von Freiburgs Osten.

Es gibt bis 14.30 Uhr Frühstück, und das ist wirklich empfehlenswert. Bestellen Sie das „König-Ludwig-XV.-Frühstück" für Zwei mit Schinken, Käse, Quark, Honig, Eiern ...

A propos Ludwig XV.: Der französische König stand 1744 hier oben bei der Lorettokapelle, um von einem vermeintlich sicheren Ort die Belagerung der Stadt durch die französischen Truppen zu beobachten. Fast wäre das ins Auge gegangen. Die Kanonenkugel, die an seinem Ohr vorbei pfiff, steckt immer noch über der Kapellentür.

Schlosscafé, Kapellenweg 1,

Tel. 40 38 40, Fax 40 63 65

täglich 10.00–24.00 Uhr

Großer Meyerhof /14

Grünwälderstr. 1, Tel. 3 83 73 97

Ruhetag: Sonntag und Feiertage

Ein solides bodenständiges Gasthaus mit einer unverfälschten badischen Küche – Nudelsupp, Sulz (Kutteln), saure Leberle, Brägele (Bratkartoffeln), Bibbeleskäs (angemachter Quark), Schäufele (gepökelte Schweineschulter) und ein sehr guter Kartoffelsalat – das findet man selbst in Freiburg schon lange nicht mehr an jeder Straßenecke. Zum Glück hat sich das Wirteehepaar Wittmann dieser lobenswerten Aufgabe verschrieben. Die Preise sind moderat, und auch für den mittleren Hunger genügt meist die kleine Portion.

Großer Meyerhof

D.O.C. /15

Gerberau 2, Tel. 38 24 14, Ruhetag: Sonntag und Feiertag

Mittags wird ein Imbiss mit kulinarischem Anspruch geboten. Die italienischen Antipasti sind erstklassig, die Pasta- und Risottogerichte besser als bei manchem Nobel-Italiener. Und abends legt die Küche erst richtig los: eine typische und bezahlbare toskanische Cucina della Mamma mit feinen Crostini, besten Papardelle mit herzhaftem Sugo, Kalbsbraten mit Rosmarin und dazu Weine, die nicht dem berühmten Etikett, sondern dem guten Produkt verpflichtet sind.

Tizio /16, Ecke Rotteckring 14/Rathausgasse 35

Tel. 2925711, Fax 2023665. Ruhetag: Sonntag und Feiertage

Dass Angelo Pellegrinis Trattoria unter den Gourmet-Adressen geführt wird, liegt nicht nur an seinen immer tadellosen Pasta-Gerichten, an denen sich auch Sterne-Köchin und Brigitte-Kolumnistin Lea Linster schon mit Genuss satt gegessen hat. Pellegrini kennt sich wie kein zweiter mit Trüffeln aus. Wenn im Herbst im Piemont und im Februar im Périgord die teure Knolle reift, wird hier gehobelt wie in kaum einem anderen Freiburger Restaurant.

Angelo Pellegrini mit Trüffeln im Tizio

Drexlers Wein & Essen /17

Rosastr. 9, Tel. 5 95 72 03, Fax 5 95 72 04, Ruhetag: Sonn- u. Feiertage

Das hat in Freiburg lange gefehlt: ein Restaurant mit Chic, großstädtischem Flair und einer Küche, die mit frischen Produkten arbeitet und preislich dennoch auf dem Boden bleibt. Man kocht badisch, aber auch italienische und französische Aromen geben bei vielen Gerichten den Ton an. Ein Knaller ist das Weinangebot: kein Wunder, gehört das Restaurant doch zur einen Katzensprung entfernten Weinhandlung Drexler.

Drexlers

Basho-An /18, Am Predigertor 1, Tel. 2853405, Fax 2854306

Ruhetag: Sonntagmittag und Montag

Bei Freiburgs Nobel-Japaner werden Sushi von einem Meisterkoch kunstvoll gerollt, die Zutaten sind von aller erster Güte und am Teppan-Herd agiert vor den Augen der Gäste ein japanischer Finger- und Messer-Artist.

Wenn **Brägele** (Betonung auf der ersten Silbe!) auf der Speisekarte stehen, dann gibt es **Bratkartoffeln**. Leicht verwechseln kann man **Sulz** und **Sülze**. Nur **Sülze** ist wirklich **Sülze**. **Sulz** dagegen ist die südbadische Bezeichnung für **Kutteln**.

Ölbergkapelle bei Ehrenstetten

Gutedel & Co –
ein guter Tropfen
gehört dazu

Kellermeister Breisacher
Staatsweingut Blankenhornsberg

Der Tuniberg ist ein kleines Weinanbaugebiet im Freiburger Westen. Im Zuge der Gemeindereform Anfang der siebziger Jahre wurden vier Ortschaften am Tuniberg – Waltershofen, Opfingen, Tiengen und Munzingen – nach Freiburg eingemeindet.

Damit vervielfachte sich von einem Tag auf den anderen die Rebfläche auf Freiburger Gemarkung auf stattliche 650 Hektar. Seitdem darf sich Freiburg mit dem werbeträchtigen Titel „Deutschlands größte Weinstadt" schmücken. Immerhin drei der insgesamt acht Anbaubereiche Badens treffen sich innerhalb der Stadtgrenzen: neben dem Tuniberg im Westen streckt nördlich der Dreisam, am Schlossberg, der Bereich Breisgau seine letzten Weinberg-Ausläufer bis fast ins Stadtzentrum vor. Und die Rebhänge von Schlierberg wie Schönberg im Süden gehören zum Bereich Markgräflerland.

Aber nicht die schiere Größe der Rebfläche hat Freiburgs guten Ruf in Sachen Wein bis weit über die Stadtgrenzen hinausgetragen. Vor allem die hohe Qualität und die ungewöhnliche Vielfalt der Rebsorten haben daran ihren wesentlichen Anteil. Denn diese drei Anbaugebiete stehen auch für ganz unterschied-

liche Charaktere ihrer jeweiligen Erzeugnisse. Die Bereiche Tuniberg und Breisgau können vor allem mit ihren kräftigen Burgundersorten renommieren: dem roten Spätburgunder, dem die Winzer in den letzten Jahren zu einem enormen Qualitätssprung verholfen haben und der sich hinter doppelt so teuren Burgundern aus Frankreich nicht mehr verstecken muss, ferner die weißen Sorten Grau- und Weißburgunder. Im Markgräflerland wird – nicht nur, aber in erster Linie und mit viel Erfolg – die Traditionsrebe Gutedel gepflegt. Sie bringt ein leichtes, süffiges und sehr bekömmliches Viertele für jede Tageszeit ins Glas.

In allen drei Weinanbaugebieten haben sich die Winzer früher und konsequenter als anderswo um den Umweltschutz gekümmert. Das Schwingen der chemischen Keule zwischen den Rebzeilen ist hier seit Jahren out und zwar ohne Qualitätsverlust beim Endprodukt Wein, ganz im Gegenteil: allerbeste Tropfen kommen heutzutage von Erzeugern, die nach ökologischen Grundsätzen wirtschaften.

Klar, dass hier der Wein auch im Kalender der Festtage seine angestammten Plätze hat. Im Mai werden die Weintage im Stadtteil St. Georgen gefeiert, und im Historischen Kaufhaus am Münsterplatz laden die Winzer vom Verband „ÖkoVin" zur Probe; im Juni findet auf dem Münsterplatz das größte, das Freiburger Weinfest statt; die Weinkost im August ist dann ein eher beschauliches Treffen im kleineren Rahmen. Ebenfalls am Münsterplatz hat sich der badische Wein in der „Alten Wache" ein von Montag bis Samstag geöffnetes Schaufenster geschaffen, das **Haus der Badischen Weine**. Hier darf probiert und, wenn's schmeckt, auch gleich gekauft werden.

Alte Wache,
Haus der Badischen Weine
Münsterplatz, Tel. 20 28 70

Kompetente Beratung in Sachen „Badischer Wein" finden Sie auch in etlichen Weinfachgeschäften in der Innenstadt:

Drexler, Merianstr. 4, Tel. 3 39 23
Daiber, Schusterstr. 37, Tel. 3 43 41
Ihringer, Rathausgasse 30/32, Tel. 3 69 84
Weinbär, Bertoldstr. 8, Tel. 2 17 20 84
Weinladen, Egonstr. 16, Tel. 28 81 78
und Tal-/ Ecke Scheffelstr., Tel. 7 07 07 29

Weinfachgeschäft Daiber

Empfehlenswerte Weingüter, die zumindest einen Teil ihrer Reben auf Freiburger Gemarkung stehen haben:

Weingut Faber, Langgasse 5
Freiburg-St. Georgen, Tel. 4 34 63
Weingut Landmann, Umkircher Str. 29
Freiburg-Waltershofen, Tel. 0 76 65 / 67 56
Weingut Bernhard Schätzle
Breisgauerstr. 52, Freiburg-Lehen, Tel. 8 55 09
Stiftungsweingut, Jesuitenschloss,
Merzhausen, Tel. 40 47 14
Staatsweingut Freiburg und Blankenhornsberg,
Merzhauser Str. 119, Freiburg, Tel. 4 01 65 44

Weinlese in der Stadt
am Schlossberg

Abends ausgehen

Lust auf Kultur? Kein Problem. Freiburg hat, was alle suchen: Musik, Theater, Tanz, ein paar Bars und jede Menge Kneipen, in denen Sie sich trefflich die Nächte – oder je nach Sperrstunde Teile davon – um die Ohren schlagen können. Freiburg bei Nacht ist zwar nicht Berlin oder New York, aber auf seine Kosten kommt jeder.

Theater

→ **Freiburger Theater - Städtische Bühnen**
Bertoldstraße 46
Info- und Kartenservice 201-2853
Erleben Sie Theater, Oper und Konzerte in Freiburgs größtem Theater: **Großes Haus, Kleines Haus, Kammerbühne** und externe Spielstätten. Imposant ist auch die Architektur aus dem Anfang des 20. Jahrhunderts. Das Haus bietet auch Vortragsreihen und Diskussionsveranstaltungen zu politischen Themen sowie Parties und Konzerte

Fassade und Eingangshalle des Freiburger Theaters

→ **Wallgrabentheater**
Rathausgasse 5a, Tel. 2 56 56
Kleines Privattheater mit Tradition. Hervorgegangen ist die Freiburger Institution 1953 aus einer Studentenbühne. Im Repertoire: Anspruchsvolles von Beckett bis Camus, aber auch Komisches wie z.B. der unverwüstliche Loriot.

→ **Freiburger Kinder- und Jugendtheater**
Marienstr. 4, Tel. 3 14 70
Ein Kinder- und Jugendtheater auch für Erwachsene in einem ehemaligen Jugendstil-Hallenbad. Seit vielen Jahren präsentiert das Ensemble immer wieder Inszenierungen, die auch überregional Aufsehen erregen.

→ **Alemannische Bühne**
Gerberau/Feierling, Tel. 35 78 22
Im angestammten Domizil in der Gerberau wackeln bisweilen die Wände, wenn die Schauspieler auf alemannisch in die Vollen gehen. Das Publikum spachtelt derweil Schäufele mit Kartoffelsalat und gönnt sich ein Viertel Gutedel.

→ **E-Werk-Freiburg**
Tanz ·Theater · Musik · Bildende Kunst, Eschholzstr. 77
Karten-Tel. 207 57 47

Im Vorderhaus

KIEW, Ferdinand-Weiss-Str. 6a
Karten-Tel. 38 11 91

**Die Schönen der Nacht –
Studio im E-Werk**

Ferdinand-Weiss-Str. 6a
Karten-Tel. 3 15 14

In dem ehemaligen Elektrizitäts-
werk befinden sich mehrere Spiel-
orte unter einem Dach. Das
E-Werk und KIEW (Kammerspiele
im E-Werk) bieten freien Gruppen
Spielmöglichkeiten. Daneben hat
KIEW ein festes Ensemble. Das
Studio im E-Werk ist das Domizil
des Musik-Theaters „Die Schönen
der Nacht".

→ Harrys Depot

Spechtpassage, Wilhelmstr. 15/2
Das Ensemble „Harry hol schon
mal den Wagen" hat in der Specht-
passage seine eigene Spielstätte
– Freiburgs kleinste mit 40 Plätzen.

→ MensaBar

Mensa Rempartstraße 18
Weit mehr als nur Essen bietet die
Mensa Rempartstraße mit einem
breiten Angebot an studentischer
Kultur: z.B. Bands, Impro-Theater,
Live-Poetry und Video-Slam.

**→ Theater am
Martinstor**

Kaiser-Joseph-Str. 237, Tel. 2 35 11
Beliebter Gastspielort für Künst-
ler aus Freiburg und der ganzen
Welt. Alle Sparten sind vertreten,
vom Kabarett über Tanz bis zum
Schauspiel. Untergebracht ist das
Theater in der ehemaligen Drucke-
rei der Badischen Zeitung.

→ Vorderhaus

Habsburgerstr. 9, Tel. 55 42 20
Die Bühne mit angeschlossener
Kneipe liegt im Stadtteil Herdern.
Gespielt wird vor allem Kabarett
und Kleinkunst, von Zeit zu Zeit
werden auch Konzerte veranstaltet. Hier lassen sich unter Umständen Kabarettisten entdecken, bevor sie fernsehtauglich werden.

→ Galli-Theater

Haslacher Str. 15, Tel. 44 18 17
Das Galli-Theater ist in den späten
Siebzigern aus einem Clownthea-
ter hervorgegangen. Heute wird
zwar überwiegend, aber nicht nur
Komisches geboten. Dem Theater
ist ein Institut angeschlossen, das
sich mit Körpersprache und Kom-
munikation befasst und das Kurse
zu diesen Themenkreisen anbietet.

Kurztrip ins Weltall – das Planetarium

Kann Bildung unterhaltsam sein? Ja, kann sie. Im Freiburger Planetarium erfährt man auf kurzweilige Art fast alles über die Entstehung des Universums, der Erde und des ganzen Rests. Der Großprojektor zeigt den Lauf der Gestirne in der 200 Quadratmeter gro-ßen Kuppel in jedweder Konstellation – weit zurück in der Vergangenheit, weit voraus in der Zukunft. Wechselnde Programme führen zum Ursprung der Zeit oder mit high-speed mitten hinein ins beschleu-nigte Weltall..

Richard-Fehrenbach-Planetarium, Bismarckallee 7g
Karten-Telefon 3 89 06 30

Kinos

Freiburg gilt als die Stadt, die
– prozentual gesehen – die meisten Kinogänger Deutschlands hat.
Dementsprechend groß ist das
cineastische Angebot.
Zum einen gibt es das Multiplex-
kino CinemaxX, zum anderen
eine Reihe Kinos, die sich ein
wenig abseits des mainstream
bewegen.

→ CinemaxX
Bertold-/Ecke Moltkestr.
Programm-Tel. 20281-410
Karten-Tel. 01805/24636299
Multiplex mit großen Sälen und
dementsprechenden Leinwänden.
Insgesamt 2.200 Plätze und jede
Menge Popcorn-Stände.

Independent Kinos
Der 'Friedrichsbau' ist eines der
drei Independent Kinos, die sich
der Präsentation anspruchsvoller
Filme verschrieben haben. Hier
werden auch Filme jenseits von
Action- und Blockbusterkommerz
gezeigt, die man sonst so schnell
nicht zu sehen bekommt. So mancher künstlerisch herausragende
Film hatte hier seinen Bundesstart.
Kein Wunder, dass der Betreiber
schon zahlreiche Preise für seine
Programmgestaltung einheimsen
konnte. Auch Kinder-, Kurz- und
Dokumentarfilme stehen auf dem
Programm, genauso wie das sonn-
tägliche 'FilmFrühStück', die 'Pay-
after-Überraschungsvorpremieren'
oder Vorstellungen, in die Mütter

ihre Babies mitnehmen können.
Auch die Freiburger Puppenbühne
tritt regelmäßig in der 'Harmonie'
auf. Im Sommer laden Freiluft-
Festivals zum Kino im Freien ein.

→ Friedrichsbau
Lichtspiele
Kaiser-Joseph-Str. 268, Tel. 36031

→ Harmonie
Grünwälderstr. 16–18, Tel. 3866521

→ Kandelhof
Kandelstr. 27, Tel. 283707

→ Kommunales Kino
Urachstr. 40, Tel. 709033
Das Kommunale Kino ist ein nicht-
kommerzielles Programmkino, das
unter anderem themen-spezifische
Filmreihen und Retrospektiven
zeigt. Filme, die anderswo kaum
laufen.

FILMKUNST UNTER STERNEN

Freiluftkinos
Wenn die Temperaturen halbwegs
karibisch werden, zieht's auch
die Filmfans ins Freie.

› Frischluftkino am Waldsee,
Waldseestr. 84

› Sommernachtskino im
Schwarzen Kloster,
Rathausgasse 48a

› Ganter Open Air Kino
Flugplatz
Hier kann man die Filme auf Südbadens größter Leinwand und
sogar von der Hängematte aus
genießen.

› Freiburger Filmfest
Mensagarten, Mensa Rempartstr.

Discos & Clubs

Freiburg ist nicht New York, aber
abtanzen kann man auch hier,
und wie. Hier die angesagten
locations:

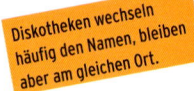
Diskotheken wechseln
häufig den Namen, bleiben
aber am gleichen Ort.

→ Agar, Löwenstr. 8
Durchgestylt, an der Cocktailbar
kann sogar getratscht werden.
Di ab 23 Uhr, Studententag
Do ab 22.30 Uhr, Fr/Sa ab 23 Uhr
So ab 22 Uhr, Mo u. Mi geschl.

→ Club daneben im
Tacheles, Grünwälderstr. 17
Immer Fr und Sa Rock und Reggae
mit bekannten DJs, ohne Eintritt.

→ Cräsh, Schnewlinstr. 7
Von Hip Hop über Punk bis Big Beat
& Jungle. Nichts für Empfindsame,
dafür freier Eintritt.
Do-Sa ab 22.00 Uhr

→ Drifters Club
Schnewlinstr. 7
Mit dem Cräsh unter einem Dach,
aber da hören die Gemeinsam-
keiten auch schon auf: Club-Kul-
tur mit anspruchsvollem Musik-
programm.
Di ab 22 Uhr, Mi ab 21 Uhr
Do-So ab 22 Uhr

→ ELPI, Schiffstr. 16
Eng und laut geht's im ELPI zu.
Meistens ist die Jugend unter sich.
So-Sa 22–3 Uhr

→ **Jazzhaus**, Schnewlinstr. 1
Samstags geht es hier nach den
Konzerten ab 24 Uhr disco- oder
clubmäßig ab, zum Beispiel mit
Reggae-Parties.
Geöffnet mindestens bis 3 Uhr

→ **Kagan**, Bismarckallee 9
Hoch über Freiburg im 17. u. 18.
Stock des Bahnhofturms. Schon
der Blick über die Stadt ist einen
Besuch wert. Mi-Sa ab 22 Uhr

→ **Karma**, Bertoldstr. 51-53
Teil eines Gesamtkunstwerks mit
Club, Café, Bar, Restaurant und
Garten für den ganzen Tag. Im
Club Live-Events und House-Parties.
Club: Fr-Sa ab 23 Uhr

→ **KGB –** Sowjet Vodka &
IceBar, Kaiser-Joseph-Str. 264
Legendäre Wodka-Station und
Epizentrum des Balkan-Pop. Noch
in Planung: Ice-Bar mit 40 m²
So-Do 20-2 Uhr, Fr-Sa bis 3 Uhr

→ **Klub Kamikaze**
Oberlinden 8
Von Reggae über Ska und Rock'n'
Roll bis Elektro und Punk, auch live.
Di-Sa ab 22 Uhr

→ **Parabel**
Universitätsstr. 3
Disco in Uninähe, von R&B bis
Techno. Dienstag ist Studitag.
Di-Do 22-4 Uhr, Fr-So bis 5 Uhr

→ **Nachtschicht**
Kaiser-Joseph-Str. 248
Zwei Floors und Lounge mit Bar,
Musik von Schlager bis House.
Mo ist Studententag

→ **Umare**
Bismarckallee 7a
Café-Bar-Lounge im Hauptbahn-
hof mit Disco und Live Musik.
Sonntag ist Salsaabend.
Mo bis So 20-1 Uhr

→ **Schneerot**
Münsterplatz 11
Club im Kornhauskeller für die äl-
tere Generation ab 25, entspre-
chend die Musik mit Funk-House
Jazz, Soul und Retrohouse.

→ **The Great Räng Teng
Teng**, Grünwälderstr. 16
Club mit Live-Musik und Disco im
Western-Look.

→ **White Rabbit**
Leopoldring 1-3
Club in einer ehemaligen Unter-
führung an der Ecke Habsburgerstr./Leopoldring. Mo meist Ruhetag, auch an den anderen Tagen
sind Öffnungszeiten und Programm
variabel. Überraschen lassen!

→ **Markthalle**
Grünwälderstraße
Eher Menschen reiferen Alters
trifft man Fr und Sa abends in
der Markthalle. Wo tagsüber der
Wok dampft und die Frikadelle
brutzelt gibt es am Wochenende
Musik – live und vom Plattenteller.
Fr 19-24 Uhr, Sa 20-24 Uhr

→ **Ruefetto**, Granatgässle 3
Etwas versteckt in einem Gewölbekeller an der Schwabentorbrücke
und deshalb ein kleiner Geheimtipp. Live-Musik und DJs auf en-
gem Raum.

→ **E-Werk**, Eschholzstr. 77
Das E-Werk ist ein Kulturzentrum
mit Programm in den Sparten Tanz,
Theater, Musik und Bildende Kunst.
Im Foyer in der Bar finden regelmäßig freitags und/oder samstags
ab 23 Uhr Musikreihen wie die
'electrolounge' statt. Mittwochs
gibt es ab 21 Uhr 'Jazz & Dogs'
bei freiem Eintritt.

Was läuft in Freiburg Bars

Informationen über aktuelle Veranstaltungen, Ausstellungen und Feste, aber auch zusätzliche Informationen zur Stadt und der Umgebung erhalten Sie über zahlreiche Zeitschriften, online und bei der

→ **Freiburg-Information**, Rathausplatz 2, Tel. 38 81-880
Die erste Adresse bei allen Fragen rund um Freiburg. In der Infostelle im Rathaus werden Hotels und Stadtführungen vermittelt, Auskünfte zu Veranstaltungen und Museen gegeben und Vorschläge für Ausflüge in die Umgebung gemacht.

→ Unter der Internet-Adresse **www.freiburg.de** sind schon vor der Reise umfassende Informationen abrufbar. Über die Stadt und ihre Einrichtungen, über die Gastro-Szene und das kulturelle Angebot, über Verkehr, Einkaufsmöglichkeiten und Kommunalpolitik.

Auf herkömmliche Art können Sie sich aus einigen kostenlosen Zeitschriften informieren :

→ **Freiburg aktuell**, Monatsheft mit Berichten zu aktuellen Themen aus Kultur und Gastronomie und einem großen Veranstaltungskalender.

→ **FRIZZ**, ein ebenfalls monatlich erscheinender Überblick über die Szene und kulturellen Ereignisse.

→ **Alberta**, mit Themen rund um die Freiburger Hochschulen und vielen Tipps für Studentinnen und Studenten und den Rest der Welt.

→ **Kultur-Joker**, erscheint 4-wöchig, enthält den obligatorischen Veranstaltungskalender und zahlreiche Besprechungen von Theaterinszenierungen und Ausstellungen.

oder aus der Tagespresse der

→ **Badischen Zeitung**, die mittwochs mit der Beilage **TICKET** erscheint und darin einen wöchentlichen Überblick über Kulturangebote der ganzen Region bietet.

→ **Chilli**, Stadtmagazin mit Berichten aus der Szene, junges Zielpublikum.

Karten-Service:

→ **BZ Kartenservice – Freiburg Ticket GmbH**
Bertoldstraße 7, Tel. 01805-556656 (14 Cent/Min.)

Nicht jeder, der gern mal die Puppen tanzen lässt, will das unbedingt in einer Disco tun. Als Alternativen zum Abtanzen hier die gängigen Adressen:

→ **Jazzhaus**
Schnewlinstr., Tel. 34973
Etwa in der Mitte von allem liegt das Freiburger Jazzhaus. Manchmal ein bisschen Disco, manchmal in erster Linie Theke, aber meist Veranstaltungsort hochkarätiger Jazzkonzerte. Miles Davis war schon hier, Albert Mangelsdorff gehörte schon fast mit dazu, ganz zu schweigen von den vielen lokalen Berühmtheiten, die sich im Gewölbekeller ihr Stelldichein geben.

→ **Jackson Pollock Bar**
Bertoldstr. 46, Theaterpassage
Tel. 281594
Ziemlich angesagte Bar im Theater mit intellektuellem Touch. Von Zeit zu Zeit werden Lesungen oder Diskussionen veranstaltet, außerdem gibt es regelmäßige Latin-Abende mit Tango oder Salsa.

und Nachtcafés

→ Franky's LeShaker
Talstr. 56, Tel. 8814467
Legende etwas außerhalb des
Stadtzentrums. Der Cocktail-
Spezialist mit all den aus Film
und Fernsehen bekannten und
weniger bekannten Mixturen im
Programm.

→ Colombi Bar
Colombi-Hotel am Colombi-Park.
Elegante Piano-Bar im ersten
Haus am Platze.
Mo–So 17.30–3 Uhr,
ab 20 Uhr Live-Piano-Musik

→ Kagan im Bahnhofsturm
Bismarckallee 9, Tel. 7672766
Eleganter Club, Lounge, Bar, Café
hoch über der Stadt.
Mo,Di 10–24 Uhr, Mi 10–3 Uhr
Do,Fr 10–4 Uhr, Sa 10–5 Uhr
So 10–3 Uhr

→ Hemingway
Eisenbahnstr. 54, Tel. 20734-300
Angeblich war er selbst schon
hier und demzufolge darf in der
Smoker Lounge im Gedenken an
Ernest Hemingway zum Daiquiri
auch kräftig gequalmt werden.
Mo–So von 20–2 Uhr.

→ Freiburg Bar
Kaiser-Joseph-Str. 278
Bar, Club, Raucher-Lounge, Live-
Musik, Karaoke auch für Menschen
über 30 in original 70er Möbeln
und Deko, Brasserie-Küche und
Tapas zwischen Tischfußball und
Kronleuchter.
Mo–Fr 18–2 Uhr, Sa,So 18–3 Uhr

→ Juris Cocktail & Wine Bar, Schwabentorring 7
Ausgesuchte Weine und interna-
tionale Cocktails in gediegen-
cooler Atmosphäre
Di–Do 16–2 Uhr, Fr,Sa 16–3 Uhr

Musikstadt Freiburg

Gruppe „Prosecco" im Waldsee

→ **Konzerthaus**
Konrad-Adenauer-Platz 1,
Abendkasse Tel. 3881-552

→ **Südwestrundfunk
Studio Freiburg**
Kartäuserstr. 45, Tel. 3808-333

→ **Städtische Bühnen**
Bertoldstr. 46, Tel. 201-2853

→ **Staatliche Hochschule
für Musik**
Schwarzwaldstr. 141, Tel. 31915

→ **Historisches Kaufhaus**
Münsterplatz, Tel. 3881-133

→ **Jazzhaus**
Schnewlinstr., Tel. 34973

→ **Waldsee**
Restaurant und Jazzkneipe
Waldseestr. 84, Tel. 73688

→ **Schützen**
Restaurant und Jazzkneipe
Schützenallee 12, Tel. 70599-0

→ **E-Werk**
Eschholzstr. 77, Tel. 207570

→ **Jazz & Rock Schulen**
Haslacher Str. 43, Tel. 368889-0

→ **Zelt-Musik-Festival**
Waldkircher Str. 51, Tel. 5040333

Musikliebhaber haben in Freiburg die Qual der Wahl. Und das gilt nicht nur für die Feste und Festivals, allen voran das inzwischen weltbekannte Zelt-Musik-Festival, das alljährlich im Sommer auf dem Mundenhof-Gelände über die Bühne geht. Freiburg besitzt mit dem Philharmonischen Orchester und den Sinfonikern des Südwestrundfunks gleich zwei Orchester von Weltklasse. Auch die Albert-Konzerte, das „Ensemble Aventure", die Musikhochschule mit ihren Studierenden und das Barockorchester sind feste Größen in der Stadt. Neben den Orchestern spielen die Chöre eine wichtige Rolle im Musikleben, allen voran der Freiburger Bachchor oder der Kammerchor.

Auch die Veranstaltungsorte sind vielfältig: das Konzerthaus natürlich, das Große Haus der Städtischen Bühnen, der Schlossbergsaal im Südwestrundfunk, die Musikhochschule, in deren Konzertsaal fast täglich Vorstellungen gegeben werden, das Münster oder der Kaufhaussaal, die in erster Linie für Klassikkonzerte stehen.

Die Liebhaber schräger Töne wird es in erster Linie ins Freiburger Jazzhaus ziehen, in dem fast täglich Jazzkonzerte stattfinden, vom Dixie bis zur Avantgarde.

Regelmäßige Jazzkonzerte, aber auch Parties mit bekannten DJs gibt es im „Waldsee" etwas außerhalb der Stadt und beim Jazz-Kongress im Schützen.

Konzerte gibt es auch im E-Werk, vor allem im Bereich Jazz und Neue Musik, und die überregional bekannte Jazz & Rock Schule bietet in ihrem eigenen Konzertsaal, dem Auditorium, hochkarätige Konzerte.

Skulptur vor der Musikhochschule

„Los de Abajo" beim Zelt-Musik-Festival

Ein Platz an der Theke – Freiburg für Kneipenbummler

Freiburgs Kneipenszene ist unüberschaubar, dem Vernehmen nach existieren im Stadtgebiet über 500 Lizenzen für gastronomische Betriebe. Kein Wunder bei einer Studentenstadt, und so mancher Akademiker erzählt noch Jahre später wehmütig von den durchzechten Nächten, in denen auch die Köpfe rauchten und die Welt neu erfunden wurde.

Vor dem Schlappen

Die Zeit der großen Diskussionen ist vorbei, heute ist „fun" angesagt, und den bietet Freiburgs Altstadt reichlich. Manche Kneipen wechseln ihren Besitzer so schnell wie mancher sein Hemd, deshalb haben wir uns bemüht, aus dem Kommen und Gehen in der Thekenlandschaft die „Klassiker" heraus zu finden. Dass dabei mitunter auch persönliche Vorlieben mitspielen, lässt sich nicht ganz vermeiden. Verstehen Sie unsere Tipps also eher als Anregungen, mal wieder so richtig auf Tour zu gehen.

→ **Alter Simon**
Konviktstr. 43, Tel. 3 33 43
Der „Alte Simon" entspricht der Vorstellung, die sich ältere Semester von einem Studentenlokal machen. Urig mit viel altem Holz und noch älteren Studenten.

→ **Aspekt**
Bertoldstr. 26, Tel. 3 67 47
Ein englisches Pub in Freiburgs Altstadt mit Sandwiches, irischem Bier und vielen Sorten Tee. Überwiegend studentisches Publikum aus der Uni gegenüber.

→ Atlantik
Schwabentorring 7, Tel. 3 30 33
Eine Legende unter Freiburgs
Kneipen. Laut, bunt und meistens
voll. Typische Studentenkarte,
häufig Live-Musik.
Vierzehn Meter lange Theke!

→ Augustiner
im Bankepeter
Schwarzwaldstr. 93, Tel. 3 83 88 88
Mit wechselnden Specials, schönem Garten und Übertragung
aller Fußballspiele.

→ Babeuf
Egon-/Ecke Klarastr., Tel. 273613
Der Name ist Programm: Das
„Babeuf", benannt nach einem
französischen Revolutionär,
verbreitet wie sein Publikum
immer noch einen Hauch
Alt-68er-Atmosphäre.

→ Brasil
Wannerstr. 21, Tel. 28 98 88
Südamerikanisch angehaucht und
demzufolge ziemlich laut. Zum
tête à tête sollte man woanders
hingehen. Viele brasilianische
Spezialitäten auf der Karte.

Brasil

→ Brennessel
Eschholzstr. 17, Tel. 28 11 87
Ausgesprochene Studentenkneipe
mit großem Speiseangebot zu klei-
nen Preisen. Abends ziemlich voll.
Extra billige Spaghetti Bolognese.

→ Café Gioia
Unterlinden 3, Tel. 137 55 88
Mediterrane Küche an dem bis-
her kneipenmäßig vernachlässig-
ten Platz Unterlinden. Eistheke
und große Cocktailauswahl.

→ Casa Española
Adelhauserstr. 9, Tel. 2 02 30 40
Die spanischste Kneipe Freiburgs
und Schauplatz vieler Freiburg-
Krimis. Hier trifft man unter dem
Original-Stierkopf auch schon mal
ältere Semester bei Tapas und
Cava. Lohnender Mittagstisch!

→ Cheers
An der Mehlwaage 8, Tel. 38 17 71
Die „kleine Ausgabe des Hard Rock
Cafés" mit sportlichem Touch.

→ Cohibar
Milchstr. 9, Tel. 7 67 85 50
Tapas-Bar direkt hinter der Uni-
Bibliothek. Vor allem studenti-
sches Publikum.

→ Deutsches Haus
Schusterstr. 40, Tel. 2 45 00
Freiburger Traditionsgaststätte
in Münsternähe mit Angeboten,
wie sie traditionsbewusste Freiburger mögen. Angeblich befand
sich an dieser Stelle schon im
16. Jahrhundert ein Gasthof.

→ El Bolero
Kaiser-Joseph-Str. 264,
Tel. 3 53 05
Kneipe mit Latino-Touch. Große
Theke, kleine Tische und bunt
gemischtes, zumeist junges Pub-
likum. Öfter mal live-Musik.

→ E-Werk
Ferd.-Weiß-Str. 6a, Tel. 28 70 70
Teil des Projekts E-Werk, einem
Kulturzentrum mit Ateliers, Aus-
stellungsräumen, Theatern und
der Jazz & Rock Schule im Stüh-
linger. Entsprechend cool ist die
Einrichtung der Gasträume.

→ Hausbrauerei Feierling

Gerberau 46, Tel. 2 66 78
Hausbrauerei auf drei Etagen mitten in der Altstadt. Spezialität ist das hausgebraute naturtrübe Bier. Im Sommer lockt der große Biergarten direkt gegenüber.

→ Ganter Brauerei-ausschank

Münsterplatz 18-20, Tel. 34367
Kräftig-deftige badische Küche, frisch gezapftes Bier von Freiburgs größter Brauerei und dazu der Blick aufs Münster – da fühlen sich nicht nur Touristen wohl.

→ Goldener Anker

Uhlandstr. 13, Tel. 7 48 80
In Freiburgs Stadtteil Wiehre, wo die Lehrer das Sagen haben. Dem entspricht häufig das Publikum. Gute Karte mit Tendenz zum Anspruchsvollen.

→ Grace

Humboldstr. 2-4, Tel. 20 88 99 30
Stilvolle Wein- und Speisebar in edlem Ambiente. Bis 23.00 Uhr internationale Küche. Im Sommer Service am Gewerbebach.

→ Harem

Gerberau 7, Tel. 2 25 33
Türkische Spezialitäten jenseits des Döners. Türkische Musik und geduldiges Personal, wenn man sich auf der beträchtlichen Speisekarte nicht gleich zurechtfindet.

→ Isle of Innisfree

Gerberau 9 (Atrium), Tel. 2 29 85
Im ehemaligen Pferdestall einer Brauerei geht's irisch zu. Familiär durch viele Stammgäste, die das große Whiskey-Angebot schätzen. Jeden Montag Kneipenquiz.

→ Kandelhof

Kandelstr. 27, Tel. 2 92 55 77
Kneipe direkt neben dem Kino, was beträchtliche Vorteile hat. Direkt davor oder danach, mit echt spanischen Tapas für den kleinen und mittleren Hunger.

→ Karma

Bertoldstr. 51, Tel. 20 74 50
Public-Living-Room, Café, Bar, Club, Restaurant – in der Passage zwischen Bertold- und Eisenbahnstr. hat sich ein für Freiburg in dieser Mischung ganz neuer Treffpunkt gebildet. Bei schönem Wetter stehen Liegestühle für cooles Relaxen bereit.

→ KGB – Sowjet Bar

Kaiser-Joseph-Str. 264
Russischer geht's nicht: 130 (?) Sorten Wodka und russischer Techno in der Retro-Bar. Dazu Borschtsch wie bei Babuschka.

→ La Cantina

Kantinenstr. 12, Tel. 5 03 33 50
Mitten auf dem Güterbahnhofgelände weht ein Hauch von Mittelmeer über die stillgelegten Gleisanlagen und die ehemalige Bahnarbeiterkantine. Sonntags und montags Live-music und Tanz.

→ Lago

im Bürgerhaus am Seepark
Gerhart-Hauptmann-Str. 1
Tel. 80 69 55
Vorwiegend von Studenten besucht. Kein Wunder, bei der benachbarten Studentensiedlung mit rund 1300 Studierenden. Aber auch für alle anderen lohnt ein Ausflug ins Lago mit Blick auf den Flückiger See.

Maria

→ **Légère**

Niemensstr. 8, Tel. 3 28 00
Gemischtes Publikum, das der
Wunsch nach portemonnaiever-
träglichen Preisen eint.
Internationale Spezialitäten.

→ **Les Garçons**

Bismarckallee 7, Tel. 2 92 72 20
Ungewöhnliche „Bahnhofskneipe",
in der auch Frauen herzlich will-
kommen sind. Regelmäßige Veranstaltungen, z.B. Tangonacht
oder Live-Musik. Chill out für
Nachtschwärmer am Sa und So
5.00 – 7.00 Uhr

→ **Umare** im Hauptbahnhof,
tagsüber Cafébetrieb, abends werden die Stühle zur Seite gerückt
und es darf getanzt werden – vorwiegend Salsa und Tango.

→ **Litfass**

Moltkestraße 17, Tel. 2 51 48
Die kleinste Kneipe weit und breit.
Hier können die Erstsemester die-
jenigen bewundern, die sich mit

Ganter Brauereiausschank am Münsterplatz

ihrem Studentenausweis ins Ren-
tenalter hinübergerettet haben.

→ **Maria**

Löwenstraße 3-7, Tel. 2 85 17 00
Alles in einem: Café, Restaurant,
Bar, Kneipe direkt bei der Uni.
Zeitgeistige Anlaufstelle für
diejenigen, die den „dernier cri"
lieben.

→ **Martinsbräu**

Markthalle, Tel. 3 87 00-18
Bayerisches Ambiente in Freiburgs
lukullischem Vorzeige-Objekt
„Markthalle". Rustikales Speiseangebot und hausgebrautes Bier.

→ **O'Kellys**

Milchstr. 1, Tel. 2855774
Eine weitere irische Trinkerbastion
im Sedanviertel. Bei Fußballüber-
tragungen Hochstimmung garantiert.

→ **Oscar's**

Humboldtstr. 4, Tel. 3 61 78
Echte Schauspieler hängen hier
nur als Poster rum, dafür lockt
das Oscar's sein Publikum mit
lockerer Atmosphäre und freund-
lichem Service. Große Frühstücks-
auswahl.

→ **Reichsadler** (Geier)

Belfortstr. 38, Tel. 3 36 50
Ein Fossil unter den Szenekneipen
– die erste, die in grauer Vorzeit
das Prädikat „Szenetreff" in
Freiburg verdient hat. Auch heute noch kommt das Publikum
vorwiegend aus der linksalter-
nativen Ecke.

→ Ruefetto
Granatgässle 3, Tel. 2 02 59 51
Original französischer Tresen
und italienische Antipasti im
Hinterhaus-Gewölbekeller des
Café Ruef. An den Wochenenden
Konzerte und Sonntagvormittag
Jazz-Brunch

→ Schlappen
Löwenstr. 2, Tel. 3 34 94
Traditionelle Studentenkneipe
direkt bei der Uni, vor kurzem
totalsaniert. Der urige Eindruck
blieb erhalten, ein paar schnieke
Details sorgen für Spannung, zum
Beispiel in der Herrentoilette.
Schöner Wintergarten.

→ Sonder Bar
Salzstr. 13, Tel. 3 39 30
Kneipe für Mädels und Jungs, die
sich in erster Linie für das eigene
Geschlecht interessieren. Aber
auch als Hetero kann man dort
einen netten Abend verbringen.

→ Swamp
Talstr. 90, Tel. 79 68 49
Kneipe pur zum Abtrinken und
Absacken nach dem Motto „Das
Notwendigste ist genug". Manch-
mal gibt es im Swamp Konzerte,
dann sollten Klaustrophobiker
die Lokalität meiden.

→ Theatercafé
Bertoldstr. 46, Tel. 217 22 20
Im Gebäude des Stadttheaters
untergebracht, bietet das Theatercafé auch abends Großstadt-
flair, wenn die Straßenbahnen an
der großen Glasfront vorbeirau-
schen und die Schauspieler/in-
nen des Theaters ihr Feierabend-
bier trinken. Die Tapas sind prima
und es geht laut und lebhaft zu.

→ Vorderhaus
Habsburgerstr. 9, Tel. 5 57 70 70
Teil des soziokulturellen Zentrums
FABRIK. Legendär sind die Schnitzel, für die angeblich die Leute
von weither kommen. Ideal auch
für das Bier danach, wenn sich
die Künstler von der Bühne nebenan nach der Vorstellung unters
Kneipenpublikum mischen.

→ Webers Weinstube
Hildastraße 35, Tel. 70 07 43
Eine der wenigen Freiburger
Kneipen, in der erst um 3.00 Uhr
früh die Rollläden herunter gehen. Bei badischen Tapas und
angenehmer Atmosphäre will
auch so schnell keiner heim.

→ Wiehre-Bahnhof
Gerwigplatz 20, Tel. 7 55 58
Hinter der nüchternen Schalter-
halle des Wiehremer Bahnhofs
befindet sich die im alten Stil
gehaltene Bahnhofsgaststätte
mit originalen Wandgemälden. Im
Sommer wird auf dem Platz direkt neben den Gleisen bedient.

Wiehre-Bahnhof

Feierling Biergarten

Biergärten –
das Sommervergnügen

Die traditionelle Vorliebe des Freiburgers fürs badische Viertele im gemütlichen Restaurant findet ein
abruptes Ende, wenn sich aus Südfrankreich warme
Frühlingsluft in Richtung Norden aufmacht und durch
die Burgundische Pforte ins Oberrheintal strömt, um
sich in den engen Gassen der Altstadt festzusetzen.
Dann sind nicht nur die Tische und Stühle auf dem
Münsterplatz heiß begehrt, vor allem für die Biergärten beginnt nun die Zeit der Hochkonjunktur.

Biergarten am Greiffenegg-Schlössle

→ Feierling-Biergarten

Gerberau 46

Hier kommt das würzige, natur-trübe „Inselhopf" kellerfrisch direkt von nebenan aus der klei-nen Hausbrauerei Feierling. Auf der Empore und unter prächtigen alten Kastanienbäumen sitzen Studenten und Professoren, Rechtsanwälte und Richter ein-trächtig zusammen bei Weißwürs-ten, Brezeln und Rindfleischsalat.

→ Kastaniengarten Greiffenegg-Schlössle

Schlossbergring 3

Wenn unten in der Stadt die Hitze allzu sehr drückt, lohnt der kurze, steile Anstieg zum Kasta-niengarten, direkt neben dem Restaurant „Greiffeneggschlöss-le" (alle, die nicht so gut zu Fuß sind, können den Aufzug benut-zen). Hier oben weht meist ein kühles Lüftchen, und den herrli-chen Blick über die Stadt gibt es zum Bier und zum Vesper vom Selbstbedienungstresen gratis mit dazu.

→ Ganter-Hausbiergarten

Leo-Wohleb-Straße 4

Die Brauerei Ganter hat – nur 10 Gehminuten von der Innenstadt

Für Weinliebhaber bieten zahlreiche Winzer im rebenbewachsenen Umland von Freiburg eine Alternative zum Biergarten an:

die Straußenwirtschaften

Ein paar Monate im Jahr dürfen Winzer ihren eigenen Wein auf dem Gut ausschenken und dazu herzhafte Vesper servieren. Bei manchen geht es ganz einfach und rustikal zu: Tische und Bänke stehen im Hof oder in der Garage. Andere haben hübsche Anbauten er-richtet, so dass man sich fast wie in einer „richtigen" Wirtschaft fühlt. Allen gemeinsam sind die konkur-renzlos niedrigen Weinpreise und die meist be-schwingt-beschwipste Stimmung der Gäste. Straußenführer mit allen Adressen, Öffnungszeiten und den jeweiligen Spezialitäten gibt es in den Buchhandlungen.

entfernt – den großen Hof der Brauerei geöffnet und mit Bier-bänken möbliert. Wer mag, der kann sich – ganz nach bayeri-schem Vorbild – sein Vesper selbst mitbringen. Für alle ande-ren gibt's Bratwürste vom Grill.

→ Dreisam Ufercafé

Schreiberstr. 1

Kein klassischer Biergarten, aber zum Draußensitzen am rauschenden Ufer der Dreisam erfüllt dieses Café-Restaurant mit viel Platz unter freiem Him-mel alle Bedingungen, unter denen ein frisches Bier ganz besonders schmeckt.

Schattige Plätze im Freien locken auch außerhalb der Innenstadt

Waldsee

→ Kybfelsen

Schauinslandstr. 49, Tel. 2 94 40

Die südlichste Straßenbahnhalte-stelle Deutschlands (Endstation der Linie 2) befindet sich im Stadtteil Günterstal, genau vor dem Restaurant Kybfelsen, zu dem ein wunderschöner, mit alten Kastanien bestandener Biergarten gehört. Wie auch im Restaurant wird großer Wert auf eine Küche mit ökologisch einwandfreien Produkten gelegt.

Das naturtrübe Bier kommt von der Hausbrauerei Feierling.

→ Lago, am Seepark

Gerhart-Hauptmann-Str. 1
Tel. 80 69 55

Das Gelände rings um den Flücki-ger See ist vor Jahren im Rahmen einer Landesgartenschau neu gestaltet worden. Seitdem gehört es zu den beliebtesten Naherho-lungsgebieten. Für das leibliche Wohl sorgt das „Lago" auf einer großen Terrasse mit üppigem Frühstücksbuffet, Salaten, Ge-grilltem und auch Vegetarischem.

→ Jesuitenschloss

Schlossweg, Merzhausen,
Tel. 4 01 18 10

Traumblick auf Freiburg, knusprige Flammkuchen aus dem Steinofen und Herzhaftes vom Barbecue-Grill – das Jesuitenschloss mit seiner großen Terrasse, auf hal-ber Höhe am Schönberg gelegen, ist allemal einen Ausflug wert.

→ Waldrestaurant Zähringer Burg

Pochgasse 149, Tel. 5 43 22

Wer einen kleinen Spaziergang vor hat: zu Fuß dauert der Anstieg von Zähringen aus eine gute hal-be Stunde zu der ganz im Grünen gelegenen Kneipe. Üppiges sonn-tägliches Frühstücksbuffet.

→ Zum Stahl

Kartäuserstr. 99, Tel. 3 34 02

Direkt neben dem Campingplatz und ganz in der Nähe der Jugend-herberge wird an 400 Plätzen unter Linden und Kastanien marinierter Tafelspitz serviert sowie eine bunte Auswahl an Pasta-Gerichten. Die Grillbar ver-sorgt die Gäste mit Haxen, Steaks, Spareribs und Salaten.

→ Waldsee,

Waldseestr. 84, Tel. 7 36 88

Dieser Freisitz erhält nicht nur seinen Namen, sondern seinen ganzen Charme von dem kleinen See, auf dem nicht nur Eltern und Kinder mit Ruderbooten herum-fahren und an dessen Ufer man bei Weißbier und Wurstsalat den Tag vergisst.

→ St. Valentin

Valentinstr. 100, Tel. 7 07 77 48

Ein ideales Ziel für einen kleinen Ausflug ins Grüne. Unter den Walnussbäumen haben schon ganze Studentengenerationen ihr Bier getrunken und sich mit Speckeiern und den legendären Pfannenkuchen gestärkt.

→ St. Ottilien

Kartäuserstr. 135, Tel. 6 32 30

Drei Kilometer führt der Weg von der Kartäuserstraße hinauf in den Ottilienwald. Die Waldkneipe mit großem Freisitz versorgt Wande-rer wie Autofahrer mit Flammen-kuchen, Spanferkel und Schnitzel.

→ St. Barbara

Sonnenbergstr. 40, Tel. 6 96 70 20

Nach drei Jahrzehnten öffnete kürzlich das Waldcafé St. Barbara oberhalb des Stadtteils Litten-weiler wieder seine Pforten. Von April bis Oktober kann man hier bei einem Stück der gigantischen Schwarzwälder Kirschtorte den traumhaften Blick ins Dreisamtal genießen.

Clown Compagnie „Sintez Buff" beim freiburg-grenzenlos-festival

Mit Pauken und Hocks, Feste

Hier sind die wichtigsten, jährlich stattfindenden Feste und Veranstaltungen aufgelistet. Genauere Daten sowie alle anderen Veranstaltungen erfahren Sie bei der Tourist Information Freiburg, Tel. 0761/3881-880, unter touristik@fwtm.freiburg.de oder www.freiburg.de sowie www.baden24.de

Ende Dezember – Januar	**Weihnachtszirkus-Festival**
Januar / Februar	**freiburg-grenzenlos-festival**, internationales Cabaret-, Musik- und Comedy-Festival nach dem Motto „scharf-schräg-schrill".
Rosenmontag	**Großer Umzug** durch die Innenstadt mit Gruppen aus der Schweiz, dem Elsass und aus den Hochburgen der schwäbisch-alemannischen Fasnacht.
März / April	**Stadtmarathon** mit Halbmarathon und Marathonmesse
Mai	**St. Georgener Weintage** in den Gassen und Höfen des alten Stadtteils St. Georgen.
Mai	**Freiburger Frühjahrsmess'** auf der Messe Freiburg mit Riesenrad und allem, was sonst zu einer großen Kirmes dazugehört.
Mai	**Spargelfest** im Stadtteil Opfingen am Tuniberg.
Juni	**Oberlindenhock**, eines der Traditionsfeste in der Altstadt, meist zeitgleich mit dem Stadtmurefest auf dem Augustinerplatz.
Juni bis September	**Orgelkonzerte im Freiburger Münster**
Ende Juni – Juli	**ZMF – Internationales Zelt-Musik-Festival** beim Mundenhofgelände, ein Musikereignis der Extraklasse.
Ende Juni – Anfang Juli	**Freiburger Laufnacht**
Juli	**Freiburger Filmfest**, Open-Air-Kino
Juli	**Freiburger Weinfest**, das Größte seiner Art.
Juli	**Die lange Nacht der Museen** mit geöffneten Museen und Kunst-Aktionen bis nach Mitternacht.
Juli	**Seenachtsfest** am Seepark mit Musik und Riesenfeuerwerk
Juli / August	**Rathaushofspiele**, Open-Air-Theater des Wallgrabentheaters.
Juli / August	**Unter Sternen**, Lesenächte im Freien mit bekannten Autoren
August	**Sommernachtskino** im Innenhof des Schwarzen Klosters
August	**Freiburger Weinkost** auf dem Münsterplatz, eine eher kleine Weinschau für Genießer.

Trompeten –
und
Festivals

Weihnachtsmarkt

August	**Ganter-Open-Air** Konzerte im Brauereihof
September	**Kunst in der Oberen Altstadt**. Künstler und Kunsthand-werker präsentieren ihre Arbeiten im Freien.
Oktober	**Herbstmess'** auf der Messe Freiburg. Pendant zur Frühjahrsmesse.
November	**Festival Neuer Tanz**, internationale Tanz-Compagnien im E-Werk
November	**Freiburger Literaturgespräche** mit namhaften Autoren
Ende November – Weihnachten	**Weihnachtsmarkt** auf dem Rathausplatz. Er gilt als der Schönste weit und breit.

Konzert im Innenhof des Historischen Kaufhauses

S p o r t s t a d t   F r e i b u r g

Seit der SC Freiburg in der Fußball-Bundesliga kräftig mitmischt (mal in der ersten mal in der zweiten) und, ganz gleich, auf welchem Tabellenplatz er gerade steht, auf jeden Fall in Sachen Sympathiewerte immer ganz weit oben mitspielt – seitdem wird Freiburg auch als Stadt des Sports bundesweit wahrgenommen.

SC-Fans im
Badenova- (Dreisam-) Stadion

Aber nicht nur beim Fußball, auch beim Eishockey und beim Basketball mischen die Freiburger auf Bundesebene erfolgreich mit. Wer nicht nur zuschauen, sondern selbst aktiv werden möchte, findet ein breit gefächertes Angebot vor, für das vor allem die rund 130 Sportvereine sorgen. Wanderer und Radfahrer kommen auf den zahlreichen ausgeschilderten Wander- und Radwegen auf ihre Kosten.

Im Winter genügt eine halbe Stunde Autofahrt, und schon ist man oben im Schwarzwald auf der herrlichen Langlaufloipe am Turner, oder aber auf dem Schauinsland, wo ebenfalls Langlaufloipen und auch etliche Abfahrten mit Schleppliften locken. Wenn die Schneedecke bis hinunter ins Tal reicht, bietet die Kaltwasserabfahrt vom Schauinsland durch den Wald hinab nach Günterstal ein besonderes Erlebnis.

Golfspieler können unter zwei 18-Loch-Plätzen wählen – zum einen im Dreisamtal die Anlage des traditionsreichen Freiburger Golf Clubs. Ferner die neuere, landschaftlich ebenfalls sehr schön platzierte im Vorort Munzingen am Fuße des Tuniberges.

Wer eine nasse Abkühlung braucht, geht in eines der Frei- oder Hallenbäder. Allgemeine Auskünfte über Öffnungszeiten etc. erhalten Sie bei der Bäderauskunft, Tel. 201 - 23 44.

Freibäder

Lorettobad	Lorettostr. 51 a
St. Georgen	Am Mettweg 42
Freibad West	Ensisheimer Str. 9
Strandbad, geheizt	Schwarzwaldstr. 195

Hallenbäder

Keidel Mineral-Thermalbad	An den Heilquellen 4
Faulerbad	Faulerstr. 3
Gartenhallenbad Haslach	Carl-Kistner-Str. 67
Gartenhallenbad Merzhausen	Friedhofweg 3a
Hallenbad im FT-Sportpark	Schwarzwaldstr. 181
Hallenbad Hochdorf	Hochdorfer Str. 16b
Hallenbad Lehen	Lindenstr. 4
Hallenfreibad West	Ensisheimer Str. 9

Keidel Mineral-Thermalbad Freiburg

Gestern und Heute –
Stadtgeschichte

Turmspitze des Münsters

Wie alt ist eine Stadt? Schwer zu sagen, auch in unserem Fall. Die ältesten Spuren Freiburgs reichen bis in die graue Vorzeit zurück, und jeder neue Fund, der bei einer der Ausgrabungen im Freiburger Stadtgebiet ans Tageslicht kommt, zieht neue Erkenntnisse über frühere Besiedelungen nach sich. Dennoch ist die Stadt zum großen Teil neu, zumindest ist es ihr Gesicht. Im Krieg wurden große Teile des Stadtgebiets in Schutt und Asche gelegt. Dass Freiburg heute trotzdem wie eine mittelalterliche Stadt wirkt, liegt an der Umsicht, mit der die Stadtplaner nach dem Krieg zu Werke gegangen sind: sie hielten an den alten Proportionen und Straßenzügen fest und die noch existierenden Häuser wurden behutsam restauriert.

Doch zurück zu den Wurzeln. Als offizieller Stadtgründungsakt gilt die Verleihung der Marktrechte an Freiburg durch den damaligen Herrscher Konrad von Zähringen im Jahr 1120. Die Bevölkerung der Stadt wuchs rasant und wenige Jahre nach der Gründung lebten bereits 8000 Menschen im Schutz der Stadtmauern, deren Reste heute noch am Augustinerplatz zu bewundern sind. Schon bald wurde dem erwachenden Bürgerstolz die alte Pfarrkirche zu klein und an ihrer Stelle errichtete man ab 1200 das berühmte Freiburger Münster. Dass sich die Gemeinde ein solch prachtvolles Gotteshaus leisten konnte, lag in erster Linie an den Silberbergwerken im Schwarzwald, die sich im Besitz der Stadt befanden. Auch die Bürger hatten Anteil am Reichtum der Minen, und so entwickelte sich ein reges Spendenwesen, ohne das der Münsterbau mit Sicherheit nicht zu bewältigen gewesen wäre – ein Umstand, auf den die Freiburger heute noch stolz sind.

Bereits im Jahre 1246 wird ein weiteres Wahrzeichen in Freiburgs Annalen erwähnt: die Bächle, die für fri-

Präsenzgässle

sche Luft und frisches Wasser in den engen mittelalterlichen Gassen sorgten. Aber auch die wirksamsten Hygienemaßnahmen konnten nicht verhindern, dass sich in der Mitte des 14. Jahrhunderts die Pest in Freiburg ausbreitete. Tausende Menschen starben an der immer wieder ausbrechenden Seuche.

Der letzte Zähringer Herzog Bertold V. war 1218 kinderlos gestorben. Ein Neffe aus einer Seitenlinie übernahm als „Graf von Freiburg" die Herrschaft über die Stadt. Die Freiburger liebten ihre neuen Herrscher nicht und 1368 kaufte sich die Bevölkerung von den Grafen frei. Fortan begaben sich die Breisgauer unter den Schutz der Habsburger.

Dieses Zweckbündnis dauerte mit kriegsbedingten Unterbrechungen bis 1805. Kein Wunder, dass die Österreicher in Freiburg ihre Spuren hinterlassen haben: sei es im Festhalten am katholischen Glauben während der Reformation – die Stadt galt sogar als „Bollwerk" des Katholizismus – sei es in den zahlreichen Darstellungen des habsburgischen Doppeladlers, der heute noch

Bertoldsbrunnen und Martinstor

Sitzungssäle und Amtsstuben ziert. Ein Habsburger gründete im Jahre 1457 auch die Freiburger Albert-Ludwigs-Universität – eine der ältesten österreichischen Universitätsgründungen überhaupt. Auch andere wichtige Menschen setzten in Freiburg Zeichen, zum Beispiel Kaiser Maximilian I., der 1498 die Mächtigen des Landes zum Reichstag in Freiburg versammelte. Beschlossen wurde auf diesem Reichstag unter anderem die Vertreibung der bis dahin geduldeten Zigeuner

Haus zum Walfisch

aus dem „Heiligen Römischen Reich".
Flüchtlinge ganz anderer Art fanden
1529 in Freiburg Asyl. Vor den Wirren
der Reformation suchte das Basler
Domkapitel Schutz bei den katholischen Habsburgern. Auch Erasmus von
Rotterdam logierte auf diese unfreiwil-
lige Weise einige Jahre in Freiburg. Eine
Tafel am „Haus zum Walfisch" erinnert
an den berühmten Humanisten.
Es folgten harte Zeiten für die Stadt. Der
Dreißigjährige Krieg im 17. Jahrhundert
hinterließ in der Grenzregion seine Spuren. Fünfmal wurde Freiburg belagert,
auf die Franzosen folgten die Schweden,
auf sie wieder die Franzosen. Vauban
baute auf dem Schlossberg eine riesige
Festungsanlage, in der bis zu 5000 Sol-
daten stationiert waren *(siehe auch Seite
88)*. 1698 wurde Freiburg wieder habs-
burgisch, 1744 abermals von Frankreich eingenommen. Die Franzosen
waren es auch, die die von ihnen erbaute Festung
wieder schleifen ließen. So ändern sich eben die Zeiten. Schlecht waren sie allemal: Mitte des 18. Jahrhunderts zählte Freiburg nur noch 3000 Einwohner,
und die Hälfte von ihnen lebte in Armut. 1805 endete
die Herrschaft der Habsburger und die gebeutelte
Stadt wurde dem von Napoleon geschaffenen
„Großherzogtum Baden" eingegliedert.
1821 wurde Freiburg anstelle von Konstanz Bischofs-
sitz. Die Bedeutung der Stadt wuchs zwar, aber andern-
orts war die Industrielle Revolution schon längst im
Gang. Im Jahr 1845 erreichte der technische Fortschritt auch den abgelegenen Breisgau: mit der Bahnlinie von Freiburg nach Offenburg wurde eine der
ersten Schienenstrecken Deutschlands fertig gestellt.
Die badische Revolution von 1848 brachte dem Land
eine neue Zäsur. Von Mannheim bis in den Hotzen-
wald hinein wurde gekämpft, und zuletzt standen die
Preußen auch vor den Toren Freiburgs, um die Unruhe
nieder zu schlagen. Einige badische Revolutionäre
ließen ihr Leben für ihre Vorstellung von Freiheit. Es

wurde hart gekämpft, und nicht von ungefähr heißt der Platz neben dem Schwabentor auch „Platz der letzten Barrikade". Doch weitere Barrikaden folgten, unter anderem im deutsch-französischen Krieg von 1870/71. Der Ausgang des Krieges zwischen den beiden Nachbarn wird der Nachwelt noch heute in Form des Siegesdenkmals am Leopoldring vor Augen geführt. Im Beisein von Kaiser-Wilhelm I. wurde das Ruhmeszeichen 1876 feierlich eingeweiht.

Zu dieser Zeit erlebte das Nationalgefühl im Dreiländereck einen Boom, und im Zuge dieser „Aufbruchstimmung" stiegen auch die Studentenzahlen an der Albert-Ludwigs-Universität. Rege Bautätigkeit, zum Beispiel die Errichtung des naturwissenschaftlichen Institutsviertels nördlich des Siegesdenkmals, entwik-

Siegesdenkmal

kelte sich. Im Jahre 1890 hatte die Stadt fast 50000 Einwohner. Die Höllentalbahn wurde gebaut, 1910 wurde das Stadttheater eingeweiht und auch sonst war der Fortschritt nicht mehr aufzuhalten: als erstes deutsches Land ließ Baden ab 1903 Frauen offiziell zum Studium zu. Doch der Erste Weltkrieg setzte dem kurzen Aufschwung ein Ende und die Folgen der Gemetzel waren lange spürbar. Selbst die „goldenen Zwanziger" fielen in Freiburg eher bescheiden aus. Nichts desto trotz konnte die Stadt zumindest in der

Stadtführungen

FREIBURG-KULTOUR
Rathausplatz 2–4, Tel. 2 90 74 47
Führungen zu bestimmten The-
men, unter anderem der Klassiker
„Gässle, Bächle und das Münster",
Kunstspaziergänge zu den Skulp-
turen des Münsters und andere
Kultur-Touren. Spezielle Gruppen-
führungen oder fremdsprachliche
Führungen können jederzeit
arrangiert werden.

VISTA-TOUR
Brombergstr. 41, Tel. 70 19 43
Auf die unbekannteren Seiten
Freiburgs hat sich der Verein
Vista-Tour spezialisiert. Er bietet
unter anderem Führungen mit
sozialgeschichtlichen Themen,
zum Beispiel eine Tour durch die
Specht-Passage oder einen Gang
auf den Spuren der Industriali-
sierung in Freiburg.

HISTORIX-TOURS
Tel. 01 72 / 11 60 722
In die Abgründe Freiburgs führen
die Touren von Historix: Nächtliche Gespenstertouren, Grusel-
Spaziergänge und mittelalterliche
Kriminalgeschichten stehen auf
dem Programm des Veranstalters,
zum Beispiel zu „Mörder, Gräber
und Gespenster".

großen Politik punkten: 1920 wurde Konstantin Feh-
renbach, Rechtsanwalt aus Freiburg, Reichskanzler,
1921 übernahm der Freiburger Lehrer Joseph Wirth
diesen Posten.

Auch der Schauinsland stand zu jener Zeit sozusagen
im Rampenlicht: 1925 fand das erste Bergrennen auf
seiner kurvigen Straße statt, das übrigens bis in die
achtziger Jahre hinein ausgetragen und dann aus
ökologischen Überlegungen eingestellt wurde. Im
Jahre 1930 wurde der Bau der Schauinslandbahn
abgeschlossen. Die Bahn galt seinerzeit als längste
Kabinen-Seil-Umlaufbahn der Welt.

Wie überall im Land war man auch in Freiburg
dem aufkommenden Nationalsozialismus gegenüber
durchaus aufgeschlossen – 1933 hatte die NSDAP
bei der Reichstagswahl in Baden 45,5 Prozent der
Stimmen erhalten. Mit den bekannten Folgen: Juden
wurden aus dem öffentlichen Leben ausgeschlossen,
„nicht-arische" Professoren mussten die Universität
verlassen. 1938 wurde die Synagoge von Herbei-
gereisten und Einheimischen in Brand gesetzt.

Der Krieg machte auch vor den Daheimgebliebenen
nicht Halt. 1940 wurde die Stadt Opfer eines Irrtums
und von deutschen Fliegern bombardiert. Der Angriff
der Alliierten vom 27. November 1944 schließlich
zerstörte weite Teile der Altstadt und der angrenzen-
den Gebiete. Nach Kriegsende kam die Region unter
französische Besatzung. 1946 wurde Freiburg vor-
übergehend zum Regierungssitz des neu geschaffenen Bezirks Südbaden. Mit der Gründung des Landes
Baden-Württemberg 1952 wurde die badische Lan-
desregierung wieder aufgelöst.

Vielleicht waren die schlimmen Kriegszeiten in der
Grenzregion ausschlaggebend für die Bemühungen
um die Nachbarn im Westen, die 1959 in einen Part-
nerschaftsvertrag mit dem französischen Besançon
mündeten. 1963 folgte Innsbruck dem Beispiel, 1967
Padua, 1979 Guildford, 1988 schließlich Madison
im US-Bundesstaat Wisconsin und das japanische
Matsuyama, das ukrainische L'viv 1990, Granada
im Jahr 1991 und als jüngste Partnerstadt im Bunde
Isfahan im Iran im Jahr 2002.

20 Jahre lang, von 1962 bis 1982, lenkte der Freibur-

ger Oberbürgermeister Eugen Keidel die Geschicke der Stadt. An ihn erinnern vor allem das „Eugen-Keidel-Bad" im Mooswald und der „Eugen-Keidel-Turm" auf dem Schauinsland. Sein Nachfolger wurde Dr. Rolf Böhme, der das Amt bis 2002 bekleidete. Viele markante Bauten entstanden in den letzten Jahrzehnten, einige davon haben das Gesicht der Stadt nachhaltig verwandelt, zum Beispiel das Konzerthaus oder der neu gestaltete Bahnhof. Diese Veränderungen gingen nicht immer harmonisch über die Bühne. Man erinnert sich noch an die Fernsehbilder zu Zeiten des „Häuserkampfs", der auch in Freiburg tobte, oder an die massiven Auseinandersetzungen um die Straßenführung der B 31. Seit 2002 lenkt, als erster grüner Bürgermeister einer deutschen Großstadt, Dr. Dieter Salomon Freiburgs Geschicke.

Auch unter ihm wird sich das Gesicht Freiburgs weiter verändern, zum Beispiel durch die Umgestaltung des Rotteckrings zwischen Theater und Universität: Hier soll in absehbarer Zeit kein Verkehr mehr fließen und ein urbaner Ort zum Flanieren und „Chillen" in direkter Nachbarschaft zur futuristisch anmutenden „neuen" Unibibliothek nach dem Entwurf der berühmten Architekten Herzog/de Meuron entstehen.

Solarzellen am Bahnhofsturm

Konzerthaus

Die Festung am Schlossberg

Der Schlossberg am Rand der Altstadt, der heute Ziel von Sonnenuntergangs-Touristen und verliebten Pärchen ist, war früher alles andere als romantisch. Während der französischen Besatzung im 17. und 18. Jahrhundert war der gesamte Hügel eine riesige Festungsanlage, die als Modell im Museum für Stadtgeschichte bestaunt werden kann. Ihr Erbauer war kein Geringerer als der berühmte französische Baumeister Vauban, der überall in Frankreich und in vielen benachbarten Staaten seine Spuren hinterlassen hat. Die Festung ist längst geschliffen, die Franzosen selbst hatten bei ihrem Abzug dafür gesorgt, dass ihre Verteidigungsanlage nicht vom früheren Gegner genutzt und dereinst womöglich gegen sie verwendet werden konnte. Aber es gibt einen Rundweg, der vom Schwabentor über die Brücke hinauf auf den Schlossberg führt. Zugegeben, es gibt auf der Tour nicht allzu viel von der kriegerischen Vergangenheit zu sehen, aber wer seiner Phantasie freien Lauf lässt, kann sie erahnen, die Kasematten, die alten Verteidigungsringe und die Reste der früheren Sternschanze. In den letzten Jahren sorgt ein Kuratorium Freiburger Bürgerinnen und Bürger dafür, die geschichtliche Vergangenheit des Schlossbergs erkennbar zu machen. Schautafeln helfen bei der Orientierung und informieren über das Obere Schloss (Fort de St. Pierre) und andere Bauwerke, wie beispielsweise die Peterskirche (Chapelle de St. Pierre).

Das Faltblatt mit Wegbeschreibung erhalten Sie kostenlos bei der Tourist Information, Rathausplatz 2−4

Messe Freiburg

Im Februar 2000 wurde beim Flughafen die neue Freiburger Messe eröffnet und 2006 um eine Konzerthalle, die Rothaus-Arena, erweitert. Heute gehören zur Messe Freiburg vier Hallen mit insgesamt 21.500 Quadratmetern Nutzfläche und 18 Hektar Freigelände.

Mehr als 400.000 Menschen besuchen jährlich eine der 35 Messen, Ausstellungen oder Kulturveranstaltungen. So findet hier, wie es sich für die Region gebührt, in der man arbeitet wo andere Urlaub machen, alljährlich im Frühjahr Badens größte Freizeitmesse, die 'CFT – Camping Freizeit Touristik' statt.

Auch die 'Gebäude.Energie.Technik', die Messe für energieeffizientes Modernisieren, Sanieren und Bauen ist hier, in der „grünen" Ecke Deutschlands, bestens aufgehoben. Und im Herbst, wenn Körper und Seele im grauen Einerlei zu versinken drohen, ver-

hilft die 'Plaza Culinaria' den sinnesfrohen Einheimischen zu kulinarischen Glanzerlebnissen.

Versteht sich von selbst, dass auch die Unterhaltung nicht zu kurz kommt. Neben Veranstaltungen wie der Internationalen Kulturbörse, bedeutender Treffpunkt für Künstler und Agenturen, kommen auch die Konzertfans von Herbert Grönemeyer bis Florian Silbereisen auf ihre Kosten. Und schon mehr als einmal hat Thomas Gottschalk in Freiburg Station gemacht, um seine 'Wetten dass ...?'-Show aufzuzeichnen.

Von der Solar City zur Green City

Keine Großstadt Deutschlands hat mehr Sonnenstunden im Jahr als Freiburg. Der Wein, der in der Region – und zum Teil sogar mitten in der Stadt – wächst, gilt als „von der Sonne verwöhnt", so der zugegeben etwas angestaubte Slogan. Dennoch: „Sonne" und „Freiburg" gehören einfach zusammen, wofür auch der Begriff „Solar City" steht, mit dem die Stadt vor einigen Jahren ihr Image als „Sonnenzentrum" internationalisierte. In keiner anderen Stadt wird an so vielen Stellen in so vielfältiger Weise über die Sonne nachgedacht, geforscht, mit ihrer Energie experimentiert und gearbeitet wie in der „Sonnen-Hauptstadt" Freiburg. Menschen wie der Solar-Architekt Rolf Disch stehen für solch visionäre Konzepte wie das stets der Sonne zugewandte Solarhaus „Heliotrop" oder das „Sonnenschiff", ein Bürogebäude, das über 125 Meter die Merzhauser Straße flankiert. Gemeinsam mit der Solarsiedlung im Windschatten des Gebäuderiegels ist es ein Paradebeispiel für nachhaltiges energetisches Bauen. Und wer das Besondere liebt, wohnt in einem der Plusenergiehäuschen auf dem Dach des Sonnenschiffs.

Sonnenschiff

Doch damit nicht genug. In den letzten Jahren hat Freiburg seinen Ruf als Umwelt-Metropole weiter ausgebaut – zuletzt auf der EXPO in Shanghai. So kennt man mittlerweile rund um den Globus die kleine Großstadt am Rand des Schwarzwalds unter dem Namen „Green City". Wobei „green" keinesfalls die Wälder, Weinberge und Wiesen rund um Freiburg meint. Das Label „Green City" bezieht sich vielmehr auf Energiewirtschaft aus erneuerbaren Quellen wie Solar-, Wind- und Wasserkraft oder Biomasse, auf ein gut ausgebautes Nahverkehrsnetz, auf Programme zur Wärmedämmung im Wohnungsbau, auf private und staatliche Wissenschaftszentren, die sich den Themen Umwelt und Energie verschrieben haben – kurz: auf einen „Mix aus vielen Ideen", so der (grüne) Oberbürgermeister Dieter Salomon.

Heliotrop des Solararchitekten Rolf Disch

Wie sich ein solcher „Ideenmix" in der Realität niederschlagen kann, ist im Vorzeigestadtteil Vauban zu beobachten. Interessierte Besucherinnen und Besucher aus aller Welt lassen sich regelmäßig durchs Quartier führen und nehmen staunend zur Kenntnis, dass Freiburg noch viel grüner ist als sein Ruf. Verkehrsberuhigte Straßen, begrünte Dächer, Sonnenkollektoren, Tonnen, die Regenwasser auffangen, schmale Veranden und kuschlige Vorgärten, Häuser in Plus- und Passivbauweise, überall Holz, auch auf den Spielplätzen für die Kinder des Stadtteils, der immerhin 5.000 Bewohnerinnen und Bewohner umfasst. Hier wird nicht nur mit nahezu sozialistischen Ergebnissen Grün gewählt. Hier ist Umweltbewusstsein auch im Alltag Pflicht. Man ist Mitglied einer Baugruppe, wandelt Brauchwasser in Nutzwasser um, parkt in Solargaragen und kauft im Naturkostladen ein. Und wo sonst gibt es Fahrradläden, die „Radieschen" heißen?

Wer mehr zum Thema erfahren will, wendet sich an
Green City Freiburg
Referat Internationale Kontakte
Rathausplatz 2-4, 79098 Freiburg
Tel. 0761/201-1025
www.freiburg.de/greencity

Vom **Forum SolarRegion Freiburg** gibt es einen Führer **Solartouren in Freiburg – ein Erlebnisführer auf den Spuren der Sonne**.
Je nach Interessenslage und Zeit zeigt er Routen zu verschiedenen Solarprojekten und gibt viele Tipps zur umweltfreundlichen Freizeitgestaltung.
www.solarregion.freiburg.de

Alma mater & Co – Studentenstadt Freiburg

Im Gegensatz zu vielen anderen Hochschulstädten ist Freiburg eine „echte" Studentenstadt. Jede sechste Einwohnerin bzw. jeder sechste Einwohner ist an einer der Freiburger Hochschulen immatrikuliert. Dass die Kollegiengebäude der Universität zum Teil mitten in der Altstadt liegen, trägt mit Sicherheit eine ganze Menge zu dem „studentischen Flair" Freiburgs bei, das Besucherinnen und Besucher ins Schwärmen bringt.

Die älteste der Freiburger Hochschulen ist die Albert-Ludwigs-Universität, gegründet im Jahr 1457 vom österreichischen Erzherzog Albrecht VI. 1460 wurden bereits 100 Studiosi von sieben Professoren in den Fächern Theologie, Philosophie, Medizin und Jurisprudenz unterrichtet. Allerdings war das Studentenleben damals alles andere als frei. Die Studenten waren verpflichtet, in den so genannten „Bursen" zu wohnen, frühe Vorläufer der Studentenwohnheime, in denen der gesamte Tagesablauf einem strengen Reglement unterlag. Der Gebrauch der lateinischen Sprache war vorgeschrieben, ebenso die Einnahme der Mahlzeiten und die Art der Kleidung, Damenbesuch war selbstverständlich verboten. Bedenkt man allerdings, dass die angehenden Akademiker ihr Studium seinerzeit bereits im zarten Alter von 14 Jahren aufnahmen, wird die Sorge der Alma mater um ihre Zöglinge wieder verständlich. Erschwerend kam hinzu, dass die frühen Universitäten fast nur von angehenden Geistlichen besucht wurden.

Während der Reformation hielt das habsburgische Freiburg am katholischen Glauben fest und durfte fortan keine protestantischen Professoren beschäftigen. Das war selbst denjenigen zu viel, die am alten Glauben festhielten. Sozusagen aus Solidarität verließen viele Lehrer und Studenten – auch katholischer Konfession – die Freiburger Universität und wechselten an liberalere Hochschulen.

Pest und Kriege setzten der Stadt immer wieder zu. 1564 fiel ein Viertel der Freiburger Bevölkerung der Seuche zum Opfer. Auch der Dreißigjährige Krieg hinterließ seine Spuren: Spanier, Österreicher, Schweden und Franzosen wechselten sich in der Herrschaft über das grenznahe Freiburg ab. Angesichts dieser unruhigen Verhältnisse begannen immer weniger Studenten ihre Ausbildung an der Albert-Ludwigs-Universität. Unter französischer Herrschaft wurde die Universität sogar zeitweise geschlossen.

Aufschwung brachte die „Eroberung" des Elsass im

Studenten am Eingang zur Alten Universität

Krieg von 1870/71. Die Zahl der Studienanfänger, die aus „Patriotismus" ins Dreiländereck kamen, stieg. Die Einschreibung des tausendsten, zweitausendsten und dreitausendsten Studenten wurde jedes Mal mit großem Aufwand gefeiert. Um 1885 wurde das Insti-

tutsviertel mit den naturwissenschaftlichen Fächern angelegt, Anfang des 20. Jahrhunderts entstanden eine neue Universitätsbibliothek und ein neues Kollegiengebäude.

Nach den beiden Kriegen und ihren bekannten Folgen führte die akademische Ausbildung noch längere Zeit ein Schattendasein. So lange, bis in den frühen 60ern der „Sputnik-Schock" die technische Überlegenheit des „feindlichen" Ostens vor Augen führte. Die Massenuniversität entstand. Die neueste Entwicklung an der Freiburger Universität ist die 11. Fakultät für Angewandte Wissen-

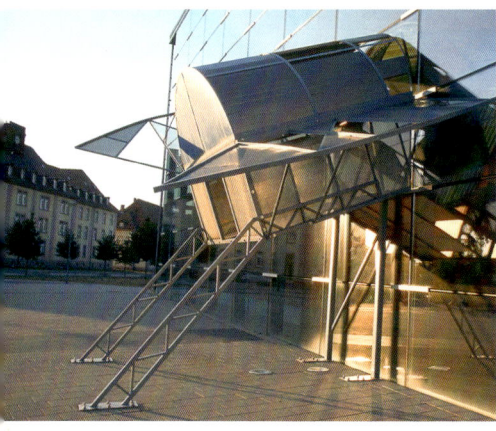

11. Fakultät

schaften. Seit 2007 darf sich die Uni mit dem Exzellenztitel schmücken, als eine von neun Top-Unis in Deutschland. Kein Wunder, dass die Studierendenzahlen nach wie vor steigen. Vor allem Studierende aus dem Ausland kommen verstärkt nach Freiburg und geben der Stadt noch ein bisschen mehr von der Weltläufigkeit, die angeblich für „den Badner" so symptomatisch ist.

Heute hat die Freiburger Albert-Ludwigs-Universität rund 20.000 Studierende, die Pädagogische Hochschule, die Musikhochschule, die konfessionellen Fachhochschulen für Sozialwesen und die Freie Hochschule für Kunst und Grafik-Design bringen es zusammen noch einmal auf rund 7.000 Studiosi.

Studentenkneipe in der Niemensstraße

Säulenhalle im Augustinermuseum

Schaustücke –
Museen in Freiburg

Treppenhaus im
**Museum für Stadtgeschichte –
Wentzingerhaus**
Münsterplatz 30, Tel. 201-25 15
Di–So, 10.00–17.00 Uhr

Wer möchte seine Zeit schon vor Glasvitrinen ver-bringen, wenn Freiburgs romantische Altstadt lockt? Irgendwie verständlich, aber trotzdem: wer sich ein bisschen in Freiburgs Historie vertiefen will, sollte sich auch in den Museen umsehen, es muss ja nicht gleich die ganz große Tour durch die gebündelte Geschichte sein.

Den ganz eiligen Freiburg-Besuchern empfehlen wir auf jeden Fall einen Besuch im **Museum für Stadt-geschichte** /1, das anhand von archäologischen Fun-den und Modellen die Geschichte Freiburgs von der Entstehung bis ins 18. Jahrhundert dokumentiert. Sehenswert ist das Modell der Vauban'schen Schloss-berg-Festung unter Glas und die dreidimensionale Dar-stellung der Münsterbaustelle im Miniaturformat. Auch das Gebäude, in dem das Museum untergeb-racht ist, lohnt einen zweiten Blick. Das barocke Haus „Zum schönen Eck" am Münsterplatz diente seinem Erbauer, dem be-rühmten Maler, Bildhau-er und Barock-Baumeis-ter Johann Christian Wentzinger einige Jahre als Wohnsitz.

Seit 2010 präsentiert das **Augustinermuseum** /1 seine Sammlung mit Kunstschätzen vom Mit-telalter bis zum Barock in einem beeindruckenden modernen Museumsbau, der von Fachleuten und Laien in seltener Einmü-tigkeit mit großer Begei-sterung aufgenommen

Johann Christian Wentzinger war nicht nur ein berühmter Künstler und Baumeister, sondern auch einer der wichtigsten Stifter in Freiburgs Geschichte. Nach langen Jahren in Rom, Straßburg und Paris ließ sich der gebürtige Ehrenstetter in der Nähe seiner Heimat nieder. 1761 / 1762 ließ er das Haus „Zum schönen Eck" errichten, nachdem er „viele fremde Königreiche, Länder und Akademien gesehen, an weltli-chen und geistlichen Fürstenhöfen seine Werke geschaffen habe…, sich in alsgemach herannahendem Alter in Freiburg zu stabilisieren und ein beständiges Forum et domicilium zu erlangen."
Wentzinger finanzierte – gemeinsam mit anderen Gönnern – unter anderem die Innenausstattung von Freiburgs erstem „modernen" Krankenhaus. Als er 1797 kinderlos starb, setzte er in seinem Testament „als Universalerben ein den allhiesigen Armen-Spital".
Das Innere seines Wohnhauses stattete der Künstler prachtvoll aus, mit Deckengemälden und einem ovalen Treppenhaus. Im Wintergarten des heutigen Museums ist eine seiner wichtigsten bildhauerischen Arbeiten zu sehen: der 1748 / 49 geschaffene Skulpturenzyklus „Vier Jahreszeiten".

wurde. Architektur und Exponate stehen in wechselseitigen Beziehungen und schon bei der Planung wurde darauf geachtet, dass jedes Ausstellungsstück optimal in Szene gesetzt ist. Die Sammlung mit Schwerpunkt auf mittelalterlichen Kunstschätzen aus dem Oberrheingebiet umfasst Glanzstücke vom Mittelalter bis zum Barock, unter anderem den berühmten Malterer-Teppich.

Im Mittelpunkt aber stehen die steinernen Originalfiguren und Glasfenster vom Freiburger Münster sowie mittelalterliche Holzskulptur und Tafelmalerei, unter anderem von Matthias Grünewald, Lucas Cranach d.Ä. und Hans Baldung Grien. Gemälde des 19. Jahrhunderts, darunter Bilder von Anselm Feuerbach, Franz Xaver Winterhalter und Hans Thoma sind im Dachgeschoss zu sehen.

Augustinermuseum
Augustinerplatz, Tel. 201-2521
Di–So, 10.00–17.00 Uhr

Doch damit nicht genug. In Kürze beginnt der zweite Bauabschnitt der aufwändigen Sanierung.

Noch weiter in die Vergangenheit führen die Exponate des **Archäologischen Museums Colombischlössle** /3, einem neogotischen Palais aus dem 19. Jahrhundert. Auch der Boden, auf dem das Museum steht, hat historische Bedeutung: der Hügel mitten in der Stadt war einst Teil der Vauban'schen Stadtbefestigung. Im Innern des Hauses kann der Geschichtsfan über drei Etagen Streifzüge durch die regionale Geschichte unternehmen, von ihren steinzeitlichen Anfängen bis ins frühe Mittelalter

Schatzkammer und Vitrine im
Archäologischen Museum
Colombischlössle
Rotteckring 5, Tel. 201-2571
Di–So, 10.00–17.00 Uhr

Naturmuseum, Gerberau 32
Tel. 201-25 66
Di–So, 10.00–17.00 Uhr

Zinnfiguren-Klause
im Schwabentor, Tel. 2 40 21
3. Samstag im Mai bis 3. Oktober
Di–Fr 14.30–17.00 Uhr
Sa u. So 12.00–14.00 Uhr

hinein. Von Zeit zu Zeit veranstaltet das Museum auch spezielle Aktionen. Und wer würde sich darüber wundern, dass bei den Freiburgern die Veranstaltung „So aßen die Römer" besonders beliebt ist?

Zurück in die Gegenwart führt ein Besuch im **Museum für Neue Kunst** /4. Es beherbergt eine Sammlung von Kunstwerken des 20. Jahrhunderts mit Schwerpunkt auf „Expressionismus" und „Neue Sachlichkeit" und mit vielen Werken von Künstlern der jüngeren Generation. Unser Tipp für Frühaufsteher: die „Frühkunst", eine Führung, die zu nachtschlafener Zeit um 7.15 Uhr beginnt – für diejenigen, deren Kunstverstand schon in aller Herrgottsfrühe wach ist.

Auch im **Naturmuseum** /5 tut sich was. Seit 2010 werden in den Räumen des ehemaligen „Natur- und Völkerkundemuseums" vor allem interdisziplinäre Themen behandelt, die naturkundliche und ethnologische Inhalte verbinden – Themen zum Beispiel wie die bereits erfolgreich gelaufene Ausstellung „Körner, Kult und Küche". Entscheidend für die neue Museumskonzeption ist die Leitidee, dass alles, was wir tun, miteinander zusammenhängt, sozusagen ein „Leben im Netzwerk" ist, in dem sich alles gegenseitig beeinflusst.

Handfester geht es zu in der **Zinnfiguren-Klause** /6 im Schwabentor. In bunten Dioramen werden mit Hilfe von Zinnfiguren Szenen vor allem aus der kriegerischen Vergangenheit Freiburgs und der anderer Regionen nachgestellt − zum Beispiel gibt's eine Nachbildung der Schlacht von Sempach zu sehen.

Museum für Neue Kunst,
Marienstr. 10 a, Tel. 201-25 81
Di−So, 10.00−17.00 Uhr

250 Puppenstuben und 500 Puppen − das **Puppen-museum** /7 ist eine Attraktion für die ganze Familie. Hier kann man sein ramponiertes Lieblingsstück auch zur Reparatur hinbringen.

Puppenmuseum, Bertoldstr. 49
Tel. 4 56 27 03
Täglich außer Mo, 10.00−18.00 Uh

Für speziell Interessierte bietet das **Freiburger Fasnet-Museum** /8 Einblicke in die Geschichte der „fünften Jahreszeit" in Freiburg. Im „Haus zum grünen Jaspis", dem Zunfthaus der Freiburger Narren, sind Modelle sämtlicher Narrentypen der Stadt versammelt.

Fasnet-Museum,
Turmstr. 14, Tel. 2 26 11
Sa, 10.00−14.00 Uhr und
nach Vereinbarung

Ebenfalls an ein speziell interessiertes Publikum wendet sich das **Kleine Stuckmuseum** /9 in der Liebigstraße mit Originalen und Abgüssen von Stuckarbeiten.

Kleines Stuckmuseum
Liebigstr. 11, Tel. 50 05 55
Mo−Fr, 13.00−18.00 Uhr
vormittags sowie
Sa und So nach Vereinbarung

Zunfthaus

Freiburg für Kids

Dass Freiburg ein Herz für Kinder hat, beweist nicht nur die Existenz des Kinderbüros, wo die Kids ihre Beschwerden über langweilige Spielplätze, gemeine Lehrer und doofe Eltern abladen können. Auch an anderen Orten bemüht man sich um den Nachwuchs.

Auch während der Bauzeit in Augustiner- und Naturmuseum werden museumspädagogische Aktionen für Kinder angeboten, wie z.B. die Mitmach-Werkstatt oder Ausflüge in die Museums-Depots. Infos dazu gibt's bei **Museumspädagogik** Augustinermuseum / Museum für Stadtgeschichte Schusterstr. 19, Tel. 201-2503, 201-2515, außer Mo.

Infos zu allen Orten, die Kinder glücklich machen, gibt es im **Freiburger Kinderstadtplan**. Mit vielen Tipps für kleine EntdeckerInnen. Erhältlich im Buchhandel für 3,50 Euro.

Auch die **Stadtbibliothek**, Tel. 201-22 30, bietet spezielle Veranstaltungen für Kinder an, zum Beispiel eine Tour durch die Bücherei mit dem Lesedrachen, mit Schmökern, Spielen und Lesen.

Ganz besonders vergnügliche Erlebnisse für Kinder (und deren Eltern) sind die Vorstellungen der **Freiburger Puppenbühne**. Und lehrreich dazu. Immerhin hat der Gründer der Bühne seine Doktorarbeit über Puppentheater geschrieben.
Gespielt wird an verschiedenen Orten, zum Beispiel von Oktober bis Juni an jedem ersten Sonntag im Monat um 11.00 Uhr im **Vorderhaus**, Habsburgerstr. 9, Tel. 55 18 93, und von Oktober bis April mittwochs um 15.00 und 16.30 Uhr in der **Harmonie**, Grünwälderstr. 12, Tel. 3 86 65 21.
Weitere Vorstellungen der Freiburger Puppenbühne auf www.freiburger-puppenbühne.de

Kinderfilme zeigt das **Kommunale Kino** sonntags um 15.30 Uhr im Alten Wiehre-Bahnhof, Urachstr. 40. Das aktuelle Programm erfahren Sie unter Tel. 70 90 33.

Das Programm im **Haus der Jugend** in der Uhlandstr. 2, Tel. 79 19 79-22, bietet Veranstaltungen für Kinder und Jugendliche jeden Alters. Vom Computerkurs über Comiczeichnen bis zum Streetdance. In regelmäßigen Abständen gibt es Rock-Nights mit regionalen Bands.

Eine Umweltpädagogin leitet die **Ökostation am Seepark** in Freiburgs Westen. Hier dürfen Kinder matschen und gärtnern, Kräuter sammeln und Frösche streicheln. Unterschiedlichste Veranstaltungen lehren Kindern und Jugendlichen fast jeden Alters den richtigen Umgang mit der Natur. Infos unter Tel. 89 23 33.

Kontakt zwischen Kindern und Tieren vermittelt das Projekt KonTiKi im Freiburger **Tiergehege Mundenhof**, Tel. 201-65 93. Für alle Sprösslinge, die schon immer mal auf Tuchfühlung mit einem Kamel gehen wollten.

Mundenhof

Der **Dietenbachpark** im Stadtteil Weingarten, ein beliebtes Naherholungs-gebiet mit Spielplätzen und Bahnen, ist vor allem wegen seiner Halfpipe und der Funbox der Skater-Treff in Freiburg. Wenn's zu heiß wird, kann man sich im See oder in der Sportgast-stätte auf dem Gelände abkühlen.

Falls die Eltern mal in Ruhe einen kleinen Einkaufs-bummel in Freiburgs Altstadt einlegen wollen: auf dem **Spielplatz am Augustinerplatz** können die etwas Größeren ruhig ein Stündchen sich selbst über-lassen werden, während Mama und Papa shoppen. So schnell wie hier werden selten Freundschaften geschlossen und wahrscheinlich werden Sie Mühe haben, ihren Nachwuchs wieder einzusammeln. Einen kleinen Ausflug wert ist der **Spielplatz im Seepark-Gelände** mit der größten Röhrenrutsche Freiburgs oder der **Spielplatz Rumpelhause**n an der Ferdinand-Weiß-Straße mit einer von den Kindern selbst gezimmerten Hüttenburg.

Weitere Infos im Kinderportal der Stadt Freiburg unter www.freiburg.de

Weitere Infos zum Thema „kinderfreundliches Freiburg" finden Sie im monatlich erschei-nenden Magazin **Findefuchs** mit ausführlichem Veranstaltungs-kalender – liegt an vielen Stellen in der Stadt aus oder beim Findefuchs-Verlag, Heinrich-von-Stephan-Str.15, Tel. 55 53 31 und in dem Buch „Kind in Freiburg und Südbaden".

Kunst und Künstler –
Freiburgs

Kunsthandlung Springmann

Eine ganze Reihe Galerien beleben Freiburgs Kunstszene, manche mitten in der Altstadt, manche etwas außerhalb gelegen.
Mit etwas Glück lässt sich im einen oder anderen Kunsthaus auch ein Schnäppchen machen.

Jürgen Haering (Marienstr. 13) zeigt Antikes in Museumsnähe und direkt beim Schwabentor überwindet die **Galerie Bollhorst** fließend die Grenzen zwischen Kunsthandwerk und Kunst.
Deutscher Expressionismus, Klassische Moderne und Gegenwartskunst sind die Schwerpunkte der **Kunsthandlung und Galerie Springmann**. Wer Originale von Tomi Ungerer sucht, wird hier fündig.

→ **Jürgen Haering**
Marienstr. 13, Tel. 25330
→ **Galerie Bollhorst**
Oberlinden 25, Tel. 0151-15776033
→ **Galerie Schindel**
Oberlinden 4, Tel. 75136
→ **Galerie artopoi Helmut Albert**
Guntramstr. 43, Tel. 3 80 92 88
→ **Galerie Baumgarten**
Kartäuserstr. 32, Tel. 3 52 98
→ **Galerie Eberwein**
Gerberau 5a, Tel. 3 49 21
→ **Galerie Foth**
Barbarastr. 4, Tel. 2 18 18 82

Bildhauer Johannes Bierling in den E-Werk-Hallen

Galerien

Wolfgang Eberwein

Die **Galerie Baumgarten** legt ihren Schwerpunkt auf zeitgenössische Kunst und Neue Medien.

Aktuellen Tendenzen der Gegenwartskunst widmet sich der **Kunstverein Freiburg**.

Die **Galerie Eberwein** hat sich führenden Künstlern der klassischen Moderne verschrieben. Zudem werden permanent Arbeiten des elsässischen Künstlers R. E. Waydelich gezeigt.

Schräg gegenüber in der **Galerie Pro Arte** sind vor allem zeitgenössische Künstler vertreten. Rauminstallationen sind das Thema im **E-Werk Freiburg**.

Die **Galerie Foth** zeigt neben Malerei und Zeichnungen vor allem auch Fotografie. Und ein Besuch im **Kulturwerk T66** lohnt nicht nur wegen der wechselnden Ausstellungen junger, moderner Künstler, sondern auch wegen der Architektur des Hauses.

→ **Galerie G**
Reichsgrafenstr. 10, Tel. 7 76 57
→ **Galerie Meier**
Gerberau 4, Tel. 2 36 88
→ **Galerie Pro Arte**
Gerberau 2, Tel. 3 77 68
→ **E-Werk Freiburg e.V.**
Eschholzstr. 77, Tel. 20 75 70
→ **kulturwerk T66**
Talstr. 66, Tel. 38 29 84
→ **Künstlerwerkstatt L6 e.V.**
Lameystr. 6, Tel. 3 44 99
→ **Kunsthaus L6**
Lameystr. 6, Tel. 2 01 21 01
→ **Kunstraum Alexander Bürkle**
Robert-Bunsen-Str. 5,
Tel. 5 10 66 05
→ **Kunstverein Freiburg**
Dreisamstr. 21, Tel. 3 49 44
→ **Kunsthandlung und Galerie Springmann**
Schusterstr. 25, Tel. 2 46 54

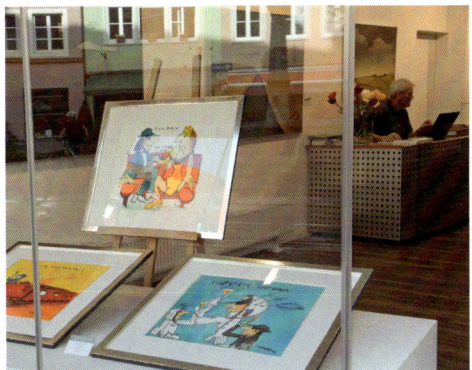

Galerie Schindel

Kunst en passant – die Skulpturen-Tour

Wie viele Skulpturen die Fassade des Freiburger Münsters bevölkern? Es müssen eine ganze Menge sein. Aber nicht die Wasserspeier oder die Heiligenfiguren an den Kirchenmauern interessieren hier. Unsere Skulpturen-Tour will den Blick auf die „modernen" Plastiken in der Stadt lenken.

Hoch über der Kreuzung Bertoldstraße/Kaiser-Joseph-

Bertoldsbrunnen

Straße thront das Reiterstandbild des Bertold V. Ob der letzte Zähringer immer so glücklich ist über seinen Standort im Luftraum über dem Freiburger Verkehrsknotenpunkt Nr. 1 scheint fraglich. Aber immerhin mag seine exponierte Lage ein Hinweis darauf sein, wie wichtig den Freiburgern ihr Bertold ist. Sie investierten sogar ihr Erspartes, um einen Ersatz für den 1944 zerstörten Bertoldsbrunnen zu bekommen und riefen zu einer Spendenaktion auf. Mit dem wohl ziemlich seltenen Effekt, dass schließlich die Bürger der Stadt ein Geschenk machten und nicht wie üblich umgekehrt. 1965 wurde das Standbild eingeweiht. Zwar waren zunächst nicht alle Freiburger erfreut darüber, wie man ihren Bertold für die Ewigkeit in Erz gegossen hatte, aber inzwischen hat sich die Mehrheit mit dem von Nikolaus Röslmeir geschaffenen bronzenen Reiter versöhnt.

Weiter westlich die Bertoldstraße entlang, zweigt vor dem Café Schmidt die Brunnengasse ab. Sie führt auf eine Art Innenhof zwischen dem Kaufhaus C&A und dem Schwarzen Kloster. Hier ruht eine Plastik des schottischen Künstlers Eduardo Paolozzi, die in der Regel erst auf den zweiten Blick als Kunstwerk ins Auge springt: eine metallische liegende Formation, die der Künstler in den sechziger Jahren aus Maschinenteilen gefertigt hat.

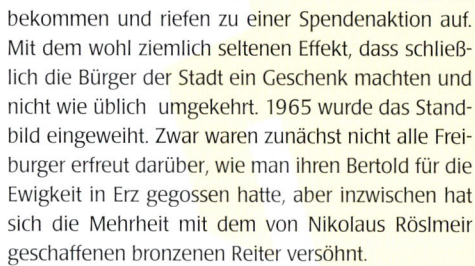

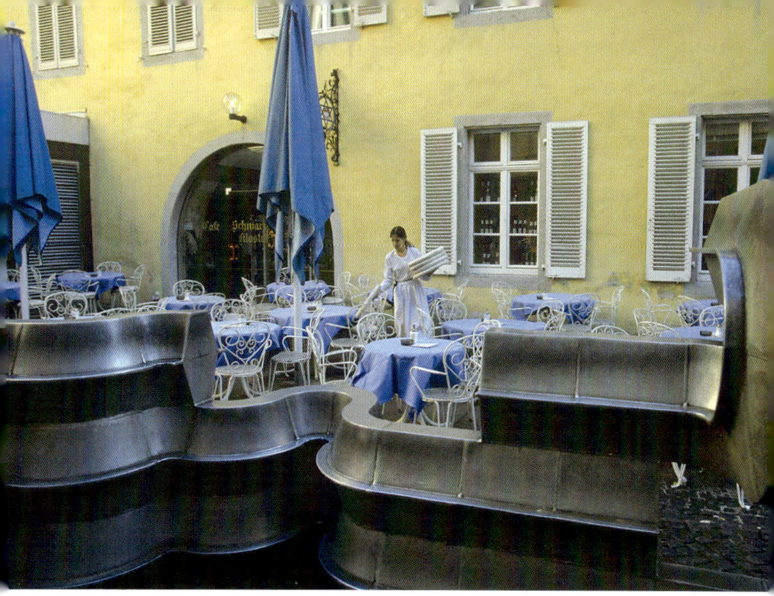

Plastik von Eduardo Paolozzi

Wenden wir uns von hier aus dem Rotteckring zu, stoßen wir nach wenigen Metern Richtung Colombi-Hotel auf den 1975 enthüllten bronzenen Baum, ein Mahnmal für die Opfer des Naziregimes von Walter Schelenz. In der Baumkrone findet sich leicht erkennbar die Dornenkrone als Leidensmotiv wieder.
Ziemlich unter Wert ruht am Platz der Alten Synagoge vor dem KG II ein skulpturales Kleinod, „Die Liegende“ von Henry Moore aus dem Jahr 1953/54. Wenige Schritte weiter steht am Rand der Mensa-Wiese ein Kunstwerk ganz anderer Art. Die meterhohe Edelstahlskulptur stammt von dem Freiburger Künstler Roland Phleps, der sich der Konkreten Kunst verschrieben hat. Seine Arbeiten sind von der Idee des ästhetischen Reizes inspiriert, der im Spiel mit den mathematisch definierten geistigen Grundformen liegt – ohne etwas zu bedeuten oder zu proklamieren.
Wir folgen der Rempartstraße bis zum Martinstor. Hinter dem Stadttor zweigt links erst die Gerberau, dann die Adelhauserstraße ab. Ihr folgen wir bis zum Museum für Neue Kunst hinter der Adelhauser Kirche. Der Umge-

Edelstahlskulptur von Roland Phleps

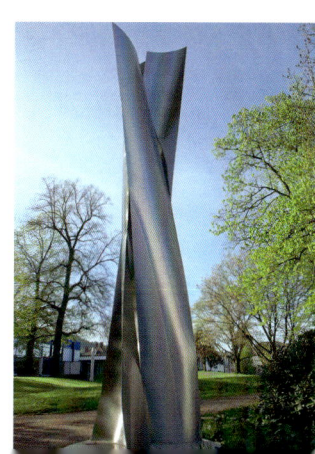

Objekt „Fenster-Fenster"

bung angemessen finden sich hier gleich zwei Werke der neuen Kunst: an der Ecke Marien-/Adelhauserstraße eine 1985 gefertigte scharfkantige Eisenplastik von Reinhard Scherer und das Objekt „Fenster-Fenster" über dem Eingang zum Museum von Peter Stobbe und Michael Wiesinger aus dem Jahr 1988. Hier lohnt es sich, unter Umständen etwas auszuharren, denn die Fenster-Skulptur entfaltet dank der Neonröhren ihre volle Wirkung erst am Abend.

Wenn Sie die kleine Brücke neben der Feierling-Hausbrauerei überqueren, halten Sie sich bitte fest. Bach aufwärts taucht bei Niedrigwasser aus dem Bett des gar nicht so wilden Gewerbekanals ein riesiger Krokodilschädel auf. Die Inhaber der alteingesessenen Firma Himmelsbach haben das Monster hier wenige Meter von ihrer Wäscherei entfernt von dem Künstler Ole Meinecke im Kanal installieren lassen. Und damit nicht genug. Die Familie unterstützt auch die Videoinstallationen der Medienkunstinitiative, die am Kanalausgang des Gewerbebachs monatlich wechselnde Installationen zeigt – im Sommer ab 21.00 Uhr, im Winter ab 19.00 Uhr. Es lohnt sich also, bis zum Abend zu warten. Auch, weil der 15 Tonnen schwere Obelisk am Augustinerplatz, wenige Meter von hier, erst am Abend so richtig zur Geltung kommt. Wie ein Solitär reckt sich der 1986 von Ulrich Rückriem geschaffene Koloss dem Himmel über Freiburg entgegen und erinnert ein bisschen an einen alten ägyptischen Schriftpfeiler.

Tonnenschwer und trotzdem gleichsam schwerelos leicht – so scheinen die Kreisel der Stuttgarter Künstlerin Andrea Zaumseil über den Vorplatz des Konzerthauses schräg gegenüber des Bahnhofs zu wirbeln.

Etwas außerhalb des Stadtzentrums, in der Nähe des Technischen Rathauses, schlängelt sich eines der – zumindest den Namen seiner Schöpfer nach – bekanntesten plastischen Objekte Frei-

Obelisk auf dem Augustinerplatz

"Gartenschlauch"

burgs, der zehn Meter hohe knallrote „Garten-schlauch" von Claes Oldenburg und Coosje van Bruggen. Die Plastik wurde im Zuge der Neugestaltung des Eschholzparks 1983 installiert, an einer Stelle, an der früher die Schrebergärtner zu Hause waren.

Skulpturenwiese

Wer einen kleinen künstlerischen Ausflug an den Stadtrand von Freiburg unternehmen möchte, dem sei die **Skulpturenwiese am Waltersteg** hoch über dem Stadtteil Herdern empfohlen. Dort stehen auf der Wiese unterhalb des Mercure-Hotels weitere Stahl-skulpturen des Freiburger Künstlers Roland Phleps, darunter die fünf Meter hohe Skulptur „Ikarus", die sich langsam dreht – von der Sonne angetrieben.

Konzerthaus mit Kreisel

Weitere Informationen zur Kunst im öffentlichen Raum kann man dem Buch „Skulptur in Freiburg", herausgegeben von Michael Klant, entnehmen.

Go West –
der Stadtteil Stühlinger

Flohmarkt auf dem Kirchplatz

Das „Schwabing Freiburgs" wurde der Stadtteil Stühlinger einmal etwas hochtrabend genannt. Hochtrabend nicht etwa, weil das Viertel hinter dem Bahnhof nicht schön wäre. Nein, hochtrabend deshalb, weil der Stühlinger in seiner maximalen Ausdehnung gerade mal ein paar Häuserblocks umfasst. Drei Straßen längs, zwei quer, auf der anderen Seite des Stühlinger Kirchplatzes Ähnliches. Aber die wenigen Karrees haben es in sich. Eine Mischung aus Gründerzeit, traditionellem Kleinbürgertum, alternativer Szenekultur und Schickimicki. Dazu in jedem Straßenzug tausend Kneipen. So ungefähr.

Seine Entstehung verdankt das ehemalige Arbeiterviertel der rasanten industriellen Entwicklung im ausgehenden 19. Jahrhundert. Eine Seifensiederei entstand, dazu mehrere Handwerksbetriebe, eine Brauerei, Fabriken, unter anderem die Maschinenfabrik Lederle, an deren Gründer heute noch der **Lederleplatz** erinnert.

Zu den so genannten „besseren" Vierteln hat der Stühlinger in seiner Vergangenheit also nie gehört. Die Gegend zählte über Jahrzehnte eher zu den verrufenen Ecken Freiburgs. Dass der Stühlinger früher auch Scherbenviertel genannt wurde, hing weniger damit zusammen, dass westlich des Bahnhofs ständig

Kneipentipps

➜ **Einstein**
Klarastraße 29
Leckere, portugiesisch inspirierte Küche

➜ **Babeuf**
Egonstraße. 16/Ecke Klarastraße
Treffpunkt der (inzwischen gemäßigt) alternativen Szene

➜ **Holla die Waldfee**
Wentzingerstraße 17
Großer Biergarten, sonntags Frühstücksbrunch

Randale war. Vielmehr war der „Scherbenwirt" dafür bekannt, dass er seine Viertele zu sensationell günstigen Preisen ausschenkte. Die Kunden, meistens Arbeiter aus den umliegenden Fabriken, dankten ihm, indem sie kurzerhand das ganze Quartier nach dem Kneipenwirt benannten.

Keiner sagt heute mehr „Scherbenviertel", und auch die meisten Fabriken sind inzwischen abgerissen. Geblieben ist die enge Bebauung und bis in die siebziger Jahre hinein auch der eher niedrige Wohnkomfort der ehemaligen Arbeiterwohnungen.

Dann entdeckten die Studentinnen und Studenten die Hinterhöfe, die Kneipen und die billigen Wohnungen für sich. Fahrrad-Werkstätten, Waschsalons, Kleiderläden und Galerien folgten und schließlich kam die Generation der Erben hinzu, die das Viertel als Betätigungsfeld für Sanierungsmaßnahmen der gehobenen Art erschloss. Seither grünt und blüht es im Stadtteil, dass es eine Freude ist, Fassaden leuchten in allen Farben, und man weiß schon nicht mehr wohin mit dem Auto.

Besser also, der Wagen bleibt jenseits der Bahnlinie stehen und Sie gehen ganz in Ruhe und zu Fuß über die blaue **Wiwili-Brücke**. Denn abspazieren sollte man den Stühlinger auf jeden Fall.

Vor allem die Klara- und die Guntramstraße sollte man bei einem Stühlinger-Rundgang nicht auslassen. Hier haben sich viele kleine Geschäfte mit besonderen Angeboten eingerichtet, die in den teuren Innenstadtlagen keine Chancen hätten.

Lesefutter –
Bücher für Liebhaber

Internationale Presse im
Kiosk Nazary

Wer in Freiburg nach einem ganz besonderen Buch oder einem seltenen Exemplar einer Zeitschrift sucht, hat gute Chancen, fündig zu werden.

Das bezieht sich zum einen auf aktuelle internationale Zeitungen und Zeitschriften. Internationale Presse bietet die Bahnhofsbuchhandlung Schmitt und der Zeitschriftenkiosk Nazary in der Rotteckgarage.

Zum andern haben Liebhaber älterer Druckerzeugnisse die Auswahl unter einer respektablen Zahl an Antiquariaten, zum Beispiel:

→ Antiquariat am Münster, Unter den Arkaden des Historischen Kaufhauses, Südseite Münsterplatz

→ Antiquariat Eldorado, Sedanstr. 4

→ Antiquariat Heinrich Heine, Universitätsstr.6

→ Antiquariat Johannes Herlyn, Ecke Moltke-/Belfortstr.

→ Antiquariat Nonnenmacher, Bertoldstr. 47

→ Antiquariat Plietzsch, Herrenstr. 49

→ Antiquariat und Antiquitäten, Rempartstr. 5

→ Antiquariat Wolter, Gerberau 8

→ Altstadt-Antiquariat, Konviktstr. 1

Antiquariat am Münster

Freiburg mobil – in der Stadt unterwegs

Zum Glück ist Freiburgs Innenstadt so überschaubar. Die Entfernungen lassen sich leicht zu Fuß bewältigen, und das berühmte Kopfsteinpflaster ist es auch wert, aus der Nähe betrachtet zu werden. Um den engsten Altstadtbezirk zu verlassen, ist es am besten, in die Straßenbahn oder den Bus zu steigen. Vor allem das Liniennetz der Straßenbahn ist leicht zu durchschauen: die Linie 1 durchquert die Stadt von Ost nach West, die Linie 2 von Süd nach Nord. Weitere Straßenbahnlinien und ein gut ausgebautes Netz von regionalen Buslinien sowie die neue Breisgau-S-Bahn erlauben autofreie Ausflüge in die nähere und weitere Umgebung.

Einen Streckenfahrplan der Freiburger Straßenbahnen finden Sie in der Umschlagklappe hinten. Auskünfte über Tarifzonen, Fahrpreise und günstige Familientickets gibt das VAG-Kundenzentrum „pluspunkt" in der Salzstraße 3 Tel. 4511-500

Hier sind auch Informationen zur Schauinslandbahn erhältlich, einer Kabinenbahn, die von der Talstation in Freiburg-Günterstal aus rund 20 Minuten braucht, um den 1.284 Meter hohen Schauinslandgipfel zu erreichen.

Bergwelt Schauinsland

Kein Berg wie jeder andere ist der Schauinsland. Dem Vernehmen nach war der „Hausberg" der Freiburger, auch „Professor Schauinsland" genannt, häufig der letzte Grund für die Studienortwahl vieler Studierender. Wo sonst findet man eine halbe Stunde vom Stadtzentrum entfernt regelrechte Weltcup-Skipisten?

Aber die **Bergwelt Schauinsland** bietet auch im Sommer jede Menge Spaß und Action. Zum Beispiel Mountainbike-Touren auf gemieteten Rädern, geführte Wanderungen unterschiedlicher Schwierigkeitsgrade oder die einzige Downhill-Roller-Strecke in Europa mit einer Abfahrt von acht Kilometern.

Info: Schauinslandbahn
Bohrerstraße 11, 79289 Horben bei Freiburg
Tel. 0761/4511-777, www.schauinslandbahn.de

111

Wer die Stadt und die Umgebung lieber mit dem Fahrrad erkunden möchte, kann sich an verschiedenen Stellen ein Zweirad ausleihen, zum Beispiel im „Mobile" beim Hauptbahnhof, Tel. 0761/2927998, oder bei City Tours, Tel. 0761/2023426. Rund um Freiburg sind eine ganze Menge gut ausgeschilderter Radwege angelegt, auch innerhalb des Stadtgebietes führen Radtouren durch die verschiedenen Bezirke. Im „Mobile" werden auch Radausflüge in die Umgebung organisiert.

Fahrradstation „Mobile"

Für diejenigen, die sich auf eigene Faust auf eine größere Tour wagen, bieten sich ein paar nicht allzu anstrengende Varianten an, zum Beispiel auf dem Markgräfler Radwanderweg von Freiburg nach Müllheim (45 km, mit dem Zug zurück), oder eine Rundtour über den Dreisam-Radwanderweg (40 km). Weitere Vorschläge enthält die Broschüre „Radtouren zwischen Oberrhein, Hochschwarzwald und ins Elsaß", die bei der Tourist Information Freiburg, Rathausplatz 2–4, erhältlich ist.

Hin und weg – Ausflüge in die Umgebung

Auch die Umgebung Freiburgs lohnt einen kleinen Ausflug: im Westen der Kaiserstuhl, im Süden das Markgräfler Land und im Norden die Ortenau – nicht umsonst wird Freiburgs Lage am Rand des Schwarzwalds fast ebensoviel touristische Bedeutung beigemessen wie der Altstadt samt Kopfsteinpflaster und Münster. Machen wir uns also auf zu einem Kurztrip in die nähere Umgebung, Sie können für unsere Vorschläge einen ganzen oder einen halben Tag einplanen, ganz wie es beliebt und davon abhängig, wie intensiv Sie Ihren Ausflug gestalten wollen.

Im Süden Freiburgs lockt die hügelige Landschaft des **Markgräfler Landes** mit seinen Rebbergen und den vielen kleinen Weinorten abseits der Touristenströme. Diejenigen unter Ihnen, die sich für den Ausflug einen ganzen Tag lang Zeit lassen wollen, werden vermutlich gleich eine Rast einlegen – an den einladenden Wirtshäusern kommt man

Burg Staufen

nur schwer vorbei. Aber passen Sie auf, dass Sie nicht festsitzen. Denn Ziel der Reise ist das mittelalterliche **Staufen**, ein Kleinod am Fuß des kegelförmigen Schlossbergs. Angeblich wurde in dem beschaulichen Städtchen 1539 der Doktor Faustus vom Teufel geholt! Nicht weit von Staufen liegt der alte Bergwerksort **Sulzburg**. Aus Sulzburg stammt die erste urkundliche Erwähnung des Silberbergbaus im

Schwarzwald. Im Landesbergbaumuseum in der früheren markgräflichen Residenz kann man sich in allen Einzelheiten über diese Bergwerkstradition informieren. Außerdem besitzt Sulzburg mit der romanischen Kirche St. Cyriak eine der ältesten und historisch wertvollsten Kirchen Süddeutschlands.

Mit der Breisgau-S-Bahn geht's schnell und umweltfreundlich nach Breisach oder ins Elztal

Westlich von Freiburg erhebt sich der **Kaiserstuhl** aus der Rheinebene. Hier, in der wärmsten Gegend Deutschlands, lockt nicht nur der Wein. An den Lösshängen findet der Pflanzenfreund zwischen den Rebstöcken auch seltene Orchideen und dem Kulturliebhaber bieten die Dörfer des Kaiserstuhls manche Überraschung.

Die Kirche in **Niederrotweil** zum Beispiel beherbergt einen der bedeutendsten spätgotischen Altäre Süddeutschlands und **Endingen** am Südhang des Kaiserstuhls besitzt einen sehenswerten Stadtkern mit einer barocken Pfarrkirche und einem Ensemble historischer Bauten rund um den Marktplatz.

Blick über den Rhein auf Breisach

Höhepunkt für den Kulturreisenden aber ist ohne Zweifel das **Breisacher Münster** hoch oben auf dem Münsterberg. Martin Schongauers Freskenzyklus „Weltgericht" aus den Jahren 1488-91 und der Schnitzaltar von „Meister HL" von 1523–26 sind allein eine Reise wert.

Vom Münsterberg aus hat man überdies einen weiten Blick ins Land und hinunter zum Rhein, wo der Ausflugsdampfer schon auf die Passagiere wartet.

Was wäre ein Freiburg-Aufenthalt ohne einen Besuch in der Schwarzwald-Klinik, in der einstmals der berühmte Professor Brinkmann sein Unwesen trieb? Offen gesagt lässt uns persönlich die Ärzte-Saga ziemlich kalt, und auch insgesamt hat der Rummel um die Weißkittel zum

St. Peter

Glück etwas nachgelassen. Allmählich wird das Glottertal wieder zu dem, was es einmal war: ein genussreicher Anstieg in die Höhen des Schwarzwalds, mit vielen einladenden Gasthäusern am Weg und einer prächtigen Abtei am Ziel der Reise in St. Peter. Dorthin sollten Sie auf jeden Fall fahren, denn das zwischen 1724 und 1727 von Peter Thumb errichtete barocke Kirchengebäude ist eines der kulturellen Highlights im Schwarzwald. Ein Muss ist eine Besichtigung der Klosterbibliothek. Termine für Führungen durch die Bibliothek und das Kloster erfahren Sie unter der Telefon-Nummer 07660/205.

12 weitere Tagesausflüge in die Umgebung Freiburgs finden Sie in dem Reiseführer
Auf in den Schwarzwald
aus diesem Verlag.
Erhältlich im Buchhandel und bei der Tourist Information, Rathausplatz 2-4

Bibliothek des
Klosters St. Peter

Hotels und Unterkünfte

Diese Auswahl von Hotels (ohne Anspruch auf Vollständigkeit) beinhaltet alle Hotelklassen von der Einfachherberge bis zum Luxushotel.
Alle Hotels können direkt gebucht werden oder über:

fit-Tourist
Am Bischofskreuz 1
79114 Freiburg
Tel. +49 761 / 8 85 81-179
Fax +49 761 / 8 85 81-149
info@fit-tourist.de
www.fit-tourist.de

Telefon-Vorwahl Freiburg,
falls nicht anders angegeben,
07 61…
international 00 49-761…

Park-Hotel-Post

Die Übernachtungspreise für Doppelzimmer
haben wir in 4 Kategorien eingeteilt:

● DZ unter € 55,-
●● DZ ab € 55 – 80,-
●●● DZ ab € 80 – 100,-
●●●● DZ über € 100,-

→ **Alleehaus***, Marienstr. 7
Tel. 387600, Fax 3876099
●●● DZ ab 94 €

→ **Am Rathaus***
Rathausgasse 4-8,
Tel. 296160, Fax 2961666
●●●● DZ ab 110 €
Bick aufs Rathaus inklusive.

→ **Am Stadtgarten***/****
Karlstr. 5
Tel. 2829002, Fax 2829022
●● DZ ab 74 €

→ **Apart-Hotel**
am Klinikum, Mathildenstr. 14
Tel. 385570, Fax 275135
●● DZ ab 83 €

→ **Atlanta**, Rheinstr. 29
Tel. 296970, Fax 289090
●●● DZ ab 90 €

→ **Zum Roten Bären**
Oberlinden 12
Tel. 387870, Fax 3878717
●●●● DZ ab 152 €
Angeblich der „älteste Gasthof
Deutschlands". Hier machten
schon Reisende im Mittelalter
Halt.

→ **Bären**, Hofackerstr. 96
Tel. 81081, Fax 84498
●● DZ ab 75 €

→ **Barbara***, Poststr. 4
Tel. 296250, Fax 26688
●●● DZ ab 98 €
Ruhige Lage zwischen Bahnhof
und Innenstadt. Beim Klinikum

→ **Bierhäusle**
Breisgauer Str. 41
Tel. 88300, Fax. 883013
●●● DZ ab 89 €

→ **Bischofslinde**
Am Bischofskreuz 15
Tel. 82688, Fax 808345
●● DZ ab 72 €

→ **Blume**, Freiburger Str. 1
Tel. 07664-939790, Fax 939799
●●● DZ ab 60 €

→ **Central★★★★**, Wasserstr. 6
Tel. 31970, Fax 3197100
●●●● DZ ab 119 €

→ **City★★★**, Weberstr. 3
Tel. 388070, Fax 3880765
●●● DZ ab 114 €

→ **Colombi★★★★★**
Am Colombi-Park
Tel. 21060, Fax 31410
●●●● DZ ab 290 €
Freiburgs erstes Haus am Platze.

→ **Deutscher Kaiser**
Günterstalstr. 38
Tel. 74910, Fax 709822
●●● DZ ab 90 €

→ **Dorint an den
Thermen★★★★**
An den Heilquellen 8
Tel. 49080, Fax 4908100
●●●● DZ ab 123 €
In direkter Nachbarschaft zum
Thermalbad.

→ **Etap**, Bötzinger Str. 76,
Tel. 4795320
● DZ ab 43 €. Besonders preis-
günstiges Kettenhotel.

→ **Gisela**, Am Vogelbach 27
Tel. 8978980, Fax 89789820
● DZ ab 52 €

→ **Helene**, Staufener Str. 46
Tel. 452100, Fax 4521029
●● DZ ab 60 €

→ **Clarion-Hotel
Hirschen★★★★**
Breisgauer Str. 47
Tel. 8977690, Fax 87994
●●●● DZ ab 164 €

→ **Hotel Hirschengarten**
Breisgauer Str. 51
Tel. 80303, Fax 8833339
●●● DZ ab 83 €

→ **Hotel Schwär's
Löwen★★★★**
Kappler Str. 120
Tel. 63041, Fax 60690
●●● DZ ab 98 €
Traditionshaus im Stadtteil
Littenweiler.

→ **Hotel Stadt Freiburg★★★★**
Breisacher Str. 84 b
Tel. 89680, Fax 8095030
●●●● DZ ab 109 €
Direkt am Klinikum

→ **IntercityHotel★★★**
Bismarckallee 3
Tel. 38000, Fax 3800999
●●● DZ ab 105 €
Vom Bahnsteig direkt ins
Hotelzimmer.

→ **Stadthotel Freiburg★★★S**
Karlstr. 7
Tel. 31930, Fax 3193202
●●●● DZ ab 119 €

→ **Zum Kreuz**, Großtalstr. 28
Tel. 620550, Fax 6205540
●●● DZ ab 92 €
Im Stadtteil Kappel am Fuß des
Schauinslands.

→ **Kreuzblume**, Konviktstr. 31
Tel. 31194, Fax 26836
●●● DZ ab 109 €
Mitten in Freiburgs idyllischer
„Oberer Altstadt".

→ **Kühler Krug**, Torplatz 1
Tel. 29103, Fax 29782,
●● DZ ab 85 €
Im ländlichen Stadtteil Günterstal.

→ **Löwen**, Dürleberg 9,
Tel. 07664-1260, Fax -612118,
●● DZ ab 58 €

→ **Löwen**, Herrenstr. 47,
Tel. 368899-0, Fax 368899-22
●●● DZ ab 85 €
Innenstadthotel, Nähe
Schwabentor.

→ **Zum Löwen**
Breisgauer Str. 62
Tel. 84661, Fax 84023,
●●● DZ ab 80 €

→ **Markgräfler Hof★★★**
Gerberau 22
Tel. 32540, Fax 2964949
●●●● DZ ab 105 €
Zwischen Gerber- und Fischerau
am malerischen Gewerbekanal.

→ **Minerva★★★**, Poststr. 8
Tel. 386490, Fax 3864944
●●●● DZ ab 109 €
Ruhige Lage zwischen Bahnhof
und Stadtmitte.

→ **Novotel Freiburg
am Konzerthaus★★★★**
Konrad-Adenauer-Platz 2
Tel. 38890, Fax 3889100
●●●● DZ ab 106 €
Jeweils zwei Schritte vom Bahn-
hof und vom Kongresszentrum
entfernt.

→ **Oberkirch**
Münsterplatz 22
Tel. 2026868, Fax 2026869
●●●● DZ ab 149 €
Morgens mit Blick auf das Münster
aufwachen.

→ **Panorama Hotel Mercure★★★★**, Wintererstr. 89
Tel. 51030, Fax 5103300
●●●● DZ ab 114 €
Panoramablick auf Stadt und Umland von Herdern aus.

→ **Weingut Paradies**
Basler Landstr. 87
Tel. 4709790, Fax 47097988
●●● DZ ab 90 €

→ **Paradies**, Mathildenstr. 28
Tel. 273700, Fax 275038
●● DZ ab 76 €

→ **Park Hotel Post★★★★**
Eisenbahnstr. 35-37,
Tel. 385480, Fax 31680
●●●● DZ ab 124 €
Direkt neben dem Colombipark, hier nächtigt Günter Grass.

→ **Rappen★★★**
Münsterplatz 13
Tel. 31353, Fax 382252
●●●● DZ ab 119 €
Hotel in Freiburgs „guter Stube"

→ **Rheingold★★★★**
Eisenbahnstr. 47
Tel. 28210, Fax 2821111
●●●● DZ ab 119 €
Günstige Lage in Bahnhofsnähe.

→ **Ritter St. Georg**
Basler Landstr. 82
Tel. 43593, Fax 44946
●● DZ ab 60 €

→ **Rössle**, Basler Landstr. 106
Tel. 43313, Fax 4557355
●●● DZ ab 80 €

→ **Schemmer★**
Eschholzstr. 63
Tel. 207490, Fax 2074950
●● DZ ab 71 €

→ **Schiff★★★★**
Basler Landstr. 35
Tel. 400750, Fax 4007555
●●●● DZ ab 112 €

→ **Schiller★★★**, Hildastr. 2
Tel. 703370, Fax 7033777
●●●● DZ ab 112 €
Hotel mit Restaurant im Bistro-Stil.

→ **Schloss Reinach Munzingen★★★★**
St. Erentrudis-Str. 12
Tel. 07664-4070, Fax -407155
●●● DZ ab 99 €

→ **Schützen**, Schützenallee 12
Tel. 705990, Fax 7059919
●● DZ ab 79 €
Traditionshaus, für Gruppen und Familien interessant: die preisgünstigen Apartments für bis zu neun Personen.

→ **Schwarzwälder Hof**
Herrenstr. 43
Tel. 38030, Fax 3803135
●● DZ ab 98 €

→ **Sichelschmiede**, Insel 1
Tel. 35037, Fax 31250
●●● DZ ab 79 €
Romantik pur auf Freiburgs „Insel"

→ **FT Sportpark-Hotel**
Schwarzwaldstr. 181
Tel. 211090, Fax 2110910
●● DZ ab 7 €

→ **Sonne**, Basler Str. 58,
Tel. 403048, Fax 4098856
● DZ ab 54 €

→ **Zur Sonne**
Hochdorfer Str. 1
Tel./Fax 07665-2650
● DZ ab 50 €

→ **Zur Tanne**, Altgasse 2
Tel. 07664-1810, Fax -5303
●● DZ ab 74 €

→ **Victoria******

Eisenbahnstr. 54

Tel. 207340, Fax 20734444

●●●● DZ ab 139 €

Zwischen Bahnhof und Innenstadt
mit Bar im Kolonialstil.

→ **Waldheim**

Schauinslandstr. 20, Tel. 290494

●● DZ ab 75 €

Preiswertes Hotel im Stadtteil
Günterstal.

Jugendherberge

Kartäuserstr. 151

Tel. 67656, Fax 60367

Kath. Lehrlingsheim

Kartäuserstr. 41

Tel. 211 16-30, Fax 211 16-50

DZ ab 74 €

Black Forest Hostel

Kartäuserstr. 33

Tel. 8817870, Fax 8817895

ab 14 €

CAMPINGPLÄTZE

→ **Silbersee**, Seestr. 20

Tel. 0 76 65 / 23 46

→ **Hirzberg**, Kartäuserstr. 99

Tel. 3 50 54, Fax 28 92 12

→ **Möslepark**

Waldseestr. 77,

Tel. 72938, / Fax 77578

→ **Tunisee**

Tel. 0 76 65 / 22 49 + 12 49

Fax -/95134

→ **Kirchzarten**

Tel. 0 76 61 / 9040910

Tourist Information

Rathausplatz 2–4 · 79098 Freiburg i. Br.
Telefon 0761 3881-880
touristik@fwtm.freiburg.de
www.freiburg.de
www.fwtm.freiburg.de

■ Auskünfte über Stadt und Schwarzwald

■ Zimmervermittlung bei Anreise

■ Prospekte, Souvenirs, Karten und Büchermaterial

Der Freiburg-Bestseller

Über 35.000 verkaufte Exemplare
8. überarbeitete Auflage 2011
Format 17 x 24 cm
112 Seiten
121 Farbfotos
5 sprachiger Text
ISBN 978-3-935048-20-0
Preis: 14,80 €

Das Stadtführer-Team: Karl-Heinz Raach, Matthias Kneusslin, Hans-Albert Stechl,
Renate Heyberger und Martin Hoyer

Karl-Heinz Raach

ist als Fotojournalist im Hexental bei Freiburg zu Hause und zwischendurch immer wieder in aller Welt unterwegs. Er veröffentlichte über 80 Bildbände und zahlreiche Fotoreportagen in namhaften Zeitschriften. Im Eigenverlag verlegt er Postkarten, Poster, Kalender, Reiseführer und Bildbände von Freiburg und der Region.

Hans-Albert Stechl

ist gebürtiger Hochschwarzwälder, gelernter Journalist und studierter Jurist. Nach dem Studium in Freiburg, Genf und Konstanz, einem Zeitungsvolontariat und einem mehrjährigen berufsbedingten Abstecher ins Schwäbische, lebt er seit zwanzig Jahren wieder in Freiburg, wo er als Rechtsanwalt und freier Autor tätig ist.

Renate Heyberger

hat schon früh ihren Beruf als Lehrerin an den Nagel gehängt, den Journalismus gelernt und arbeitet heute hauptberuflich beim Freiburger Studentenwerk und nebenberuflich als freie Journalistin. In Freiburg lebt die gebürtige Schwäbin seit sie denken kann (also ungefähr seit Studienbeginn) und immer noch gerne.

Alle Angaben in diesem Stadtführer wurden sorgfältig geprüft, können sich aber schnell ändern.
Für eventuelle Fehler übernimmt der Verlag keine Haftung.
Bitte schreiben Sie uns, wenn Sie Anregungen oder Ergänzungen haben. Wir freuen uns über Ihre Meinung.

© Foto Edition Raach,
Bürglestraße 34a, 79294 Sölden, Deutschland
Tel. 0761/404757, www.raach-foto.de
4. aktualisierte Auflage 2011. Alle Rechte beim Verlag
ISBN 978-3-935048-18-7

Fotografie: Karl-Heinz Raach
Text: Renate Heyberger, Hans-Albert Stechl
Lektorat: Antje Burkhardt
Gestaltung: www.hoyerdesign.de
Druck: Himmer AG, Augsburg